Doris Muliar

GESUND UND GÜNSTIG KOCHEN MIT DEM Monsieur Cuisine

Über 90 leckere Rezeptideen

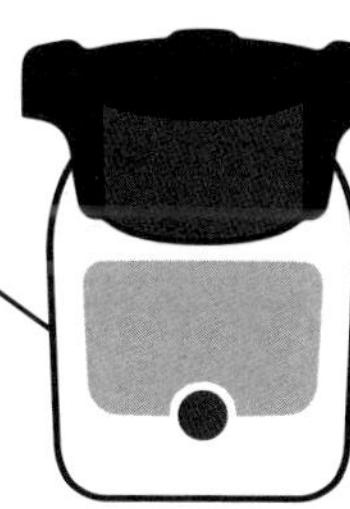

riva

Unabhängig recherchiert, nicht vom Hersteller beeinflusst

Bibliografische Information der Deutschen Nationalbibliothek
Die Deutsche Nationalbibliothek verzeichnet diese Publikation in der Deutschen Nationalbibliografie. Detaillierte bibliografische Daten sind im Internet über http://d-nb.de abrufbar.

Für Fragen und Anregungen
info@rivaverlag.de

Wichtige Hinweise
Sämtliche Inhalte dieses Buches wurden – auf Basis von Quellen, die die Autorin und der Verlag für vertrauenswürdig erachten – nach bestem Wissen und Gewissen recherchiert und sorgfältig geprüft. Alle Rezepte in diesem Buch wurden für den Silvercrest® Monsieur Cuisine connect entwickelt und mit diesem getestet. Wenn Sie den Silvercrest® Monsieur Cuisine édition plus verwenden, beachten Sie bitte, dass dieser eine Füllmenge von 2,2 Liter statt 3 Liter hat. Daher dürfen Sie die Rezepte aus diesem Buch nur mit dem Monsieur Cuisine édition plus nachkochen, wenn die Mengen angepasst werden. Der Verlag und die Autorin haften für keine nachteiligen Auswirkungen, die in einem direkten oder indirekten Zusammenhang mit den Informationen stehen, die in diesem Buch enthalten sind. Silvercrest® und Monsieur Cuisine connect sind eingetragene Warenzeichen der Lidl Stiftung & Co. KG. Diese Publikation ist kein offizielles Lizenzprodukt der Lidl Stiftung & Co. KG.

Ausschließlich zum Zweck der besseren Lesbarkeit wurde auf eine genderspezifische Schreibweise sowie eine Mehrfachbezeichnung verzichtet. Alle personenbezogenen Bezeichnungen sind somit geschlechtsneutral zu verstehen

Originalausgabe
4. Auflage 2021

Türkenstraße 89
80799 München
Tel.: 089 651285-0
Fax: 089 652096

Redaktion: Caroline Kazianka
Umschlaggestaltung: Sonja Vallant
Umschlagabbildungen: Vorderseite: Magdalena Kucova/Shutterstock.com, artem evdokimov/Shutterstock.com, AS Food Studio/Shutterstock.com, Irina Rostokina/Shutterstock.com, yingko/Shutterstock.com, from my point of view/Shutterstock.com; Rückseite: Magrig/Shutterstock.com, Maria Shumova/Shutterstock.com, Kiian Oksana/Shutterstock.com, Stepanek Photography/Shutterstock.com
Satz: inpunkt[w]o, Haiger (www.inpunktwo.de); Andreas Linnemann, München
Druck: Florjancic Tisk d.o.o., Slowenien
Printed in the EU

ISBN Print 978-3-7423-1623-3
ISBN E-Book (PDF) 978-3-7453-1319-2
ISBN E-Book (EPUB, Mobi) 978-3-7453-1320-8

Weitere Informationen zum Verlag finden Sie unter

www.rivaverlag.de

Beachten Sie auch unsere weiteren Verlage unter www.m-vg.de

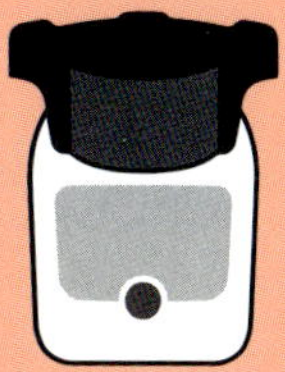

Inhaltsverzeichnis

Vorwort

Schmecken soll es, Vitamine für Gesundheit und Wohlbefinden sollen enthalten sein, und günstig soll unsere tägliche Hauptmahlzeit auch sein.
Das ganze Jahr über wurde mit dem Cuisine connect gekocht und dafür von Frühjahr bis zum nächsten Winter vor allem Zutaten aus heimischem Anbau verwendet, die gerade frisch und reif auf dem Markt waren. Denn dann haben sie die meisten Vitamine, schmecken aromatisch und sind zudem unschlagbar kostengünstig zu bekommen – es wurden pro Gericht (ohne Fleisch oder Fisch) für vier Portionen zwischen 3 und 4 Euro in einem normalen Supermarkt ausgegeben – also etwa 1 Euro pro Portion. Beim Discounter und unter Berücksichtigung von Sonderangeboten wird das natürlich noch günstiger.
Nicht nur der Saisonkalender auf Seite 13 hilft Ihnen dabei, preiswert zu kochen. Wichtig ist auch die Planung der Mahlzeiten im Voraus. Dafür wird Ihnen eine Beispielplanung für fünf Tage gezeigt.

Grundsätzlich günstig sind Kartoffeln, Reis, Getreide, Hülsenfrüchte und Teigwaren als Basis und Sattmacher. Deshalb werden diese Grundzutaten in eigenen Kapiteln vorgestellt. Darin finden Sie jeweils Rezepte für die vier Jahreszeiten – zubereitet mit saisonalem Gemüse und gelegentlich auch mit Obst.
Dass selbst kochen deutlich günstiger ist als Fertigprodukte, kann nicht oft genug betont werden – auch wenn ein Pizzaangebot oft sehr preiswert erscheint. Tests in Kochsendungen haben gezeigt: Selbst gemacht ist auch diese noch günstiger! Und wie Sie wissen, sind Gerichte im Monsieur Cuisine ohne langes Geschnibbel ruckzuck fertig.
Bei vielen Rezepten finden Sie Tipps, wie Sie Reste für eine andere Mahlzeit verwenden und daraus ein neues Gericht erstellen können. So müssen keine Lebensmittel weggeworfen werden. Infos und Anregungen zum Aufwärmen und Variieren sind natürlich auch dabei.
Viel Freude beim gesunden und günstigen Kochen!

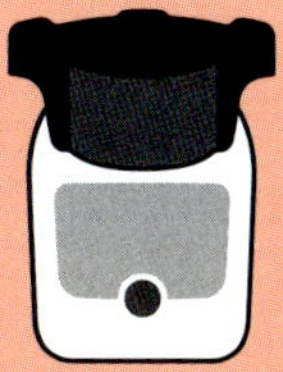

Elf Punkte für Ihre Sicherheit

1. Wenn Sie zerkleinern oder pürieren, sollten Sie immer den Messbecher einsetzen. Beim Zerkleinern von Nüssen, Gemüse oder anderen harten Lebensmitteln könnten sonst Teile herausgeschleudert werden.
2. Beim Pürieren von heißen Suppen besteht Verbrennungsgefahr durch Spritzer! Verwenden Sie den Kocheinsatz als Spritzschutz, auch wenn Sie vier oder mehr Portionen Suppe kochen – da kann es ebenfalls spritzen.
3. Bei heißem Mixbehälter-Inhalt (über 60 °C) nicht im Turbo-Modus pürieren und die Drehzahl nur langsam, schrittweise ansteigend erhöhen.
4. Warten Sie nach dem Pürieren von Suppen 10 Sekunden vor dem Öffnen des Mixbehälters. Das Mixgut könnte noch in Bewegung sein und sonst herausspritzen. Deckel immer vorsichtig öffnen, da Dampf entweichen kann.
5. Beachten Sie die maximale Füllstandsmarkierung im Mixbehälter. Er ist für 3 Liter (Monsieur Cuisine connect) bzw. 2,2 Liter (Monsieur Cuisine édition plus) ausgelegt.
6. Bei Verwendung der Dampfgaraufsätze muss der Dampf zirkulieren können. Lassen Sie daher immer einige Schlitze im Boden frei. Geben Sie genügend Wasser (mindestens 500 ml) für die Dampfentwicklung in den Mixbehälter. Setzen Sie stets den Deckel für Dampfgareinsätze auf.

7. Beim Öffnen zuerst vorsichtig den heißen Dampf auf der Ihnen abgewandten Seite entweichen lassen, um nicht mit ihm in Berührung zu kommen, was zu Verbrennungen führen könnte. Arbeiten Sie mit Küchenhandschuhen oder Topflappen, denn die Dampfgaraufsätze werden sehr heiß!
8. Der Rühraufsatz zum Schlagen von Eischnee oder Sahne darf nur bis höchstens Stufe 4 verwendet werden. Der Spatel darf bei Benutzung des Rühraufsatzes nicht eingeführt werden.
9. Bitte führen Sie niemals ein anderes Rührwerkzeug als den Spatel in die Deckelöffnung ein. Der Spatel ist so konstruiert, dass er nicht mit den Messern in Berührung kommen kann.
10. Wenn Sie den Mixbehälter zum Reinigen auseinandernehmen, sollten Sie mit dem Messereinsatz besonders vorsichtig umgehen. Die Klingen sind sehr scharf, es besteht Verletzungsgefahr.
11. Wenn Ihr Monsieur Cuisine keinen festen Platz in Ihrer Küche hat, stellen Sie ihn immer auf eine trockene, rutschfeste, ebene Arbeitsfläche. Beim Zerkleinern oder beim Rühren von Teigen könnte das Gerät durch Unwucht in Bewegung geraten. Bleiben Sie bei diesen Arbeitsschritten neben dem Gerät.

Zum Umgang mit diesem Buch

Bei jedem Rezept finden Sie ausführliche Nährwertangaben, die nach dem Bundeslebensmittelschlüssel berechnet sind. Kcal steht hierbei für Kalorien, E für Eiweiß, F für Fett und KH für Kohlenhydrate.
Außerdem sind die Rezepte verschiedenen Kategorien zugeordnet:

Zum Aufwärmen geeignet
Zum Einfrieren geeignet
Vegan

(F) Frühling
(S) Sommer
(H) Herbst
(W) Winter

Infos zu den Rezepten

- Alle Rezepte sind für Monsieur Cuisine connect von Silvercrest® konzipiert. Sie können aber auch im Monsieur Cuisine édition plus zubereitet werden.
- Die Mengenangaben für das Gemüse beziehen sich auf unvorbereitete Ware.
- Mit Zwiebel ist eine mittelgroße Zwiebel von ca. 100 g gemeint. Ansonsten ist angegeben: große oder kleine Zwiebel.
- 1 EL Öl schlägt bei den Nährwertberechnungen mit 15 g zu Buche.
- Milch und Joghurt werden immer mit 3,5 % Fett verwendet, Frischkäse und Quark mit 20 % Fett.

Tipps zum günstigen Kochen

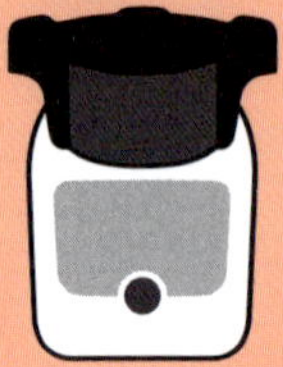

Saisonkalender

Immer wieder heißt es, frisches Obst und Gemüse sei zu teuer für den schmalen Geldbeutel. Stimmt nicht! Wer sich an den Saisonkalender hält, kann sich im Frühjahr auch grünen Spargel leisten, im Sommer frische Tomaten oder Zucchini, die aus regionalem Anbau stammen. Vieles wird das ganze Jahr günstig oder als Sonderangebot verkauft: Möhren, Äpfel, Lauch, Champignons oder Kartoffeln.

Im Kalender auf der nächsten Seite sehen Sie, wann die in unseren Rezepten verwendeten Gemüse, Pilze und Obstsorten frisch geerntet werden – anhand des grünen Balkens. Gelb bedeutet, dass heimische Ware aus Lagerbeständen angeboten wird. Ausnahmen sind Champignons, Austernpilze und Kresse, die aus Züchtungen immer vorhanden sind. Granatapfel, eher ein Exot, wird zwar das ganze Jahr über verkauft, wird in Spanien und der Türkei aber nur von September bis Dezember geerntet. Sie finden den Super-Vitaminträger dann oft als Sonderangebot.

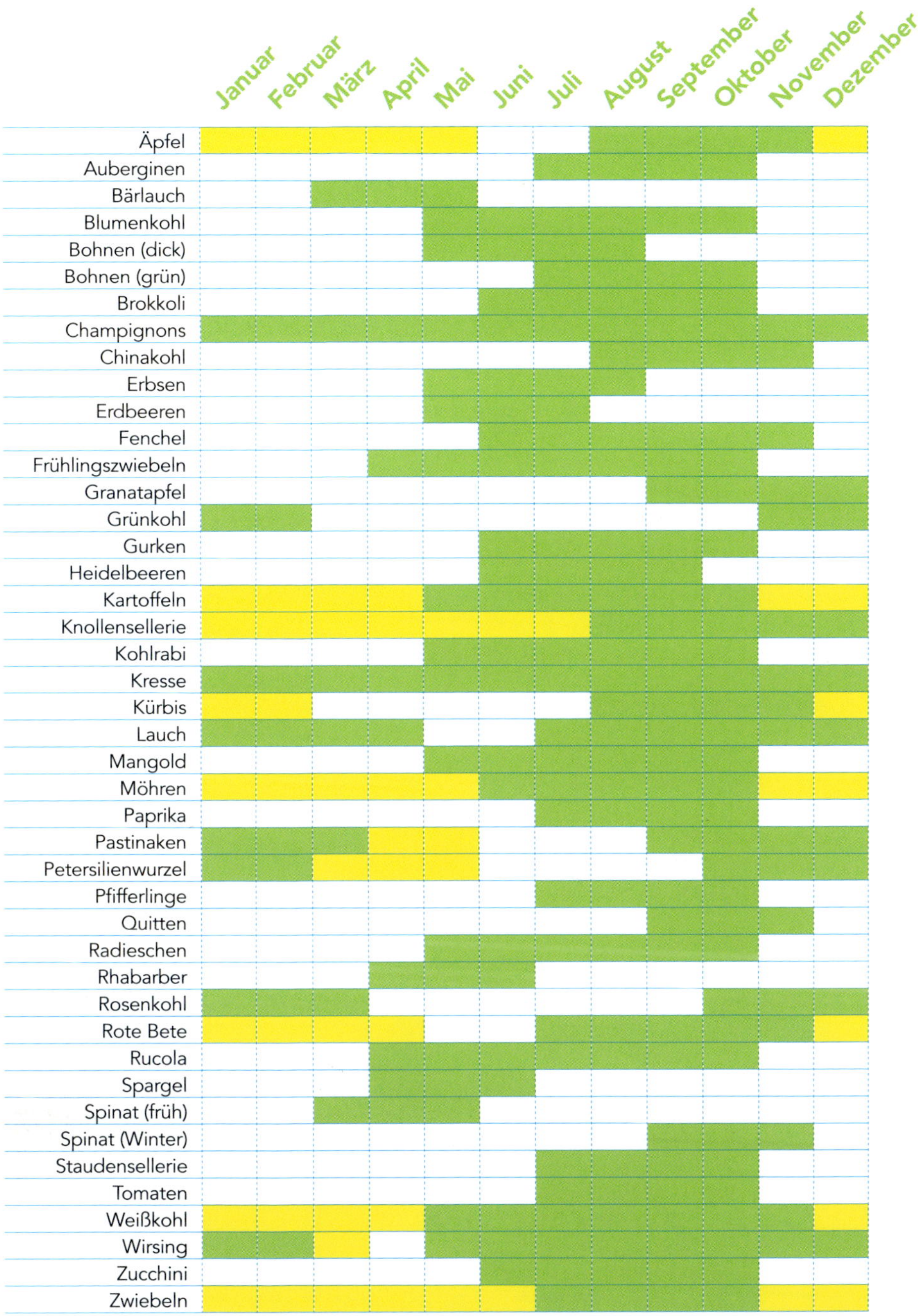
Januar
Februar
März
April
Mai
Juni
Juli
August
September
Oktober
November
Dezember
Äpfel
Auberginen
Bärlauch
Blumenkohl
Bohnen (dick)
Bohnen (grün)
Brokkoli
Champignons
Chinakohl
Erbsen
Erdbeeren
Fenchel
Frühlingszwiebeln
Granatapfel
Grünkohl
Gurken
Heidelbeeren
Kartoffeln
Knollensellerie
Kohlrabi
Kresse
Kürbis
Lauch
Mangold
Möhren
Paprika
Pastinaken
Petersilienwurzel
Pfifferlinge
Quitten
Radieschen
Rhabarber
Rosenkohl
Rote Bete
Rucola
Spargel
Spinat (früh)
Spinat (Winter)
Staudensellerie
Tomaten
Weißkohl
Wirsing
Zucchini
Zwiebeln

Vorratsschrank

Teigwaren, Hülsenfrüchte und Reis

Decken Sie sich ruhig ein mit Sonderangeboten, denn diese Lebensmittel sind sehr lange haltbar. Zum Beispiel unterbieten sich die großen Supermarktketten regelmäßig mit besonders herabgesetzten Nudeln und Reis namhafter Hersteller.

Konserven

Tomaten, Linsen oder Bohnen in Dosen gibt es auch oft im Angebot. Außerdem als Eigenmarken der Supermärkte bisweilen unter 30 Cent.

Kartoffeln

Sind noch günstiger als Nudeln, Reis und Co. Dunkel und kühl gelagert, bleiben sie einige Zeit frisch. Auch sie gibt es – manchmal sogar in 5-kg-Säcken – preiswert als regionales Angebot.

Für jeden Tag

Olivenöl, Rapsöl, Butter, Mehl, heller und dunkler Essig, Knoblauch, Zwiebeln, Gewürze.

Für Abwechslung

Tomatenmark, Nüsse, Samen zum Bestreuen, Gläser mit Pesto, Kokosmilch – alles lang haltbare Produkte, mit denen Sie Gerichte variieren und aufpeppen können.

1 x Einkaufen – 5 Mahlzeiten

Wenn Sie ein paar Tage im Voraus planen, entfällt unüberlegtes Kochen mit eilig gekauften und womöglich kostspieligen Zutaten.
Anhand der Beispieltabelle mit fünf winterlichen Hauptgerichten auf der nächsten Seite können Sie nachvollziehen, wie Sie eine Einkaufsliste erstellen und nach Möglichkeit alles auf einmal einkaufen können. Dieses Schema können Sie natürlich für mehr oder weniger Tage variieren. Wenn Sie Gerichte mit Fleisch oder Fisch einplanen, sollten diese jeweils am ersten, spätestens am zweiten Tag zubereitet werden.
Von größerem Gemüse wie Blumenkohl, Kohl oder Sellerie wird wahrscheinlich immer etwas übrig bleiben. Sie können ruhig die Zutatenmenge etwas erhöhen oder Reste im Kühlschrank aufbewahren und bei nächster Gelegenheit verkochen.
Auch von Kartoffeln werden Sie meist größere Mengen einkaufen, die Sie dann in den folgenden Tagen »aus dem Vorrat« aufbrauchen können.

So lesen Sie die Tabelle:
In der Zeile oben sehen Sie fünf Wintergerichte, die per Zufall ausgewählt wurden. Darunter jeweils die Zutaten, die Sie dafür brauchen. In der sechsten Spalte (»Einkauf«) sind alle Zutaten für den Einkauf zusammengerechnet und ganz rechts (Spalte »Preis«) sehen Sie den durchschnittlichen Preis dafür.

Eintopf mit Wurzelgemüse	Rote-Bete-Pesto	Kartoffeleintopf mit Blumenkohl und Möhren
300 g frische Rote Bete	250 g frische Rote Bete	
		400 g Blumenkohl
300 g Möhren		200 g Möhren
		500 g Kartoffeln
100 g Pastinake		
1 rote Paprikaschote		
250 g Tomaten		
3 Stängel Petersilie	2 Stängel Petersilie	
75 g saure Sahne		
	40 g Parmesan	
		75 g alter Gouda
800 ml Brühe	725 ml Brühe	800 ml Brühe
	1 EL Öl	1 EL Öl
	300 g Risottoreis	
	40 g Butter	
2 Knoblauchzehen		
	1 Zwiebel	1 Zwiebel

Winterliche Minestrone	Sauerkrauteintopf mit Paprika und Kartoffeln	Einkauf	Preis
		550 g Rote Bete	0,71
300 g Blumenkohl		1 kleiner Blumenkohl	1,98
200 g Möhren		700 g Möhren	0,89
	400 g Kartoffeln	900 g Kartoffeln	0,36
		1 Pastinake	0,15
	1 rote Paprikaschote	2 rote Paprikaschoten	1,79
400 g Tomaten		650 g Tomaten	1,54
	2 Stängel Petersilie	½ Bund Petersilie	0,50
200 g Staudensellerie	200 g Staudensellerie	½ Staude Sellerie	0,65
	1 Apfel	1 Apfel	0,42
	500 g Sauerkraut	1 Pck. Sauerkraut	0,39
		½ Becher saure Sahne	0,20
40 g Parmesan		80 g Parmesan	1,59
		75 g Gouda	0,72
		Aus dem Vorrat	
750 ml Brühe		45 g Brühepulver	0,71
2 EL Öl	1 EL Öl	5 EL Öl	0,69
		300 g Risottoreis	1,07
		40 g Butter	0,25
200 g Hörnchen		200 g Hörnchen	0,39
	25 ml Essig	25 ml Essig	0,04
2 Knoblauchzehen	2 Knoblauchzehen	6 Knoblauchzehen	0,48
2 Zwiebeln	1 Zwiebel	5 Zwiebeln	0,49
			16,01
		Pro Mahlzeit für 4 Esser	4,00
		Pro Portion	1,00

Gemüsebrühepulver

In sehr vielen Rezepten kommt Gemüsebrühe vor, die Sie nach Lust und Laune auch durch Fleisch- oder Pilzbrühe ersetzen können. Wenn Sie wissen wollen, was in Ihrer Brühe enthalten ist, sollten Sie sie selbst machen. Das ist vielleicht etwas aufwendig, das Pulver hält aber mindestens ein halbes Jahr. Die drei Gemüsesorten in diesem Rezept sind lediglich eine Anregung – Sie können auch anderes Gemüse verwenden.
Spartipp: Wenn etwas frisches Gemüse übrig bleibt, wie zum Beispiel die Stängel vom Brokkoli oder einige Kohlblätter, können Sie diese in einem Beutel im Tiefkühler sammeln und bei passender Gelegenheit zu Suppenpulver verarbeiten.

Für ca. 75 Portionen (1 EL für 500 ml Wasser)

500 g Möhren
300 g Lauch
200 g Knollensellerie
200 g Zwiebeln
2–3 Knoblauchzehen, nach Belieben auch mehr
100 g glatte Petersilie
50 g frischer Liebstöckel (»Maggikraut«), nach Belieben auch andere Kräuter
300 g grobes Salz
1 TL schwarzer Pfeffer aus der Mühle

1. Das Gemüse putzen, schälen, waschen und grob in Stücke schneiden. Die Kräuter waschen, trocken schütteln und die Blätter von den Stängeln zupfen. Alles in 2 Portionen in den Mixbehälter geben und mit eingesetztem Messbecher jeweils **10 Sekunden/Stufe 8** zerkleinern.
2. Die Masse mit Salz und Pfeffer vermischen und auf 2–3 mit Backpapier ausgelegte Bleche streichen. Circa 7–8 Stunden bei 80 °C Ober-/Unterhitze (Umluft 60 °C) im Backofen bei etwas geöffneter Tür (Kochlöffel in die Ofentür klemmen) trocknen.
3. Die getrocknete Paste in den Mixbehälter füllen und die Masse **30 Sekunden/Stufe 10** (Messbecher!) pulverisieren.
4. In 3 saubere und trockene Schraubgläser à ca. 200 ml füllen und gut verschließen. Das Pulver hält mindestens ein halbes Jahr.

Tipp: Mit der getrockneten Paste können auch noch etwa 50 g getrocknete Pilze oder 1–2 EL getrockneter Thymian, Majoran oder Oregano gemahlen werden. Wer es scharf liebt, nimmt Chiliflocken oder rosenscharfes Paprikapulver. Je nach Jahreszeit passen auch andere Gemüsesorten dazu, zum Beispiel Kohl- oder Wirsingblätter, Pastinaken und Brokkoli.

Frische Kräuter

Frische Kräuter bereichern jedes Gericht und kommen in den folgenden Rezepten häufig vor. Zumeist jedoch nur zwei bis drei Stängel, sodass von einem Bund viel übrig bleibt. Frische Bunde kann man ca. eine Woche in einem geschlossenen Plastikbeutel im Gemüsefach aufbewahren. Sie können die abgezupften Blätter auch portionsweise einfrieren (zum Beispiel in Eiswürfelbehältern) oder sie in anderen Gerichten – auch wenn es nicht im Rezept steht – verwenden.

Besser und sparsamer ist es auf jeden Fall, einige der gebräuchlichsten Kräuter einfach selbst auf der Fensterbank zu ziehen. Besonders geeignet dafür sind Basilikum, Dill, Petersilie, Minze, Schnittlauch und Thymian. Anleitung für Aussaat und Pflege finden Sie in Gärtnereien, beim Kauf am Markt oder im Internet.

Rezepte

Viel Gemüse und ein wenig Süßes

Wann welches Gemüse gerade Saison hat, können Sie im Saisonkalender auf Seite 13 erkennen.
Es gibt im Buchhandel oder online aber auch Saisonkalender zu kaufen, die in der Küche aufgehängt hübsch aussehen und Ihnen immer auf einen Blick sagen, was gerade günstig ist – zumal, wenn es aus der Region kommt.
Wenn Sie die beiden Aspekte »saisonal« und »regional« berücksichtigen, bringen Sie ganz automatisch preiswerte Gerichte auf den Tisch und ernähren sich außerdem garantiert vitaminreich und ausgewogen.
Die Rezepte in diesem Gemüsekapitel sind alle vegetarisch, einige auch vegan. Zweimal gibt es auch süße Hauptgerichte. Sie werden Fleisch oder Fisch mit Sicherheit kaum vermissen. Wenn doch: Ab Seite 162 gibt es einiges aus Stall und Meer.

Frühlingsminestrone

Für 4 Portionen • Pro Portion: 238 kcal, 9g E, 12g F, 22g KH

500g frisches grünes Gemüse (z. B. 500g Erbsen in Schoten, 200g grüne Bohnen und 100g junger Spinat)
200g junge Kartoffeln
100g Frühlingszwiebeln
2EL Olivenöl
800ml Gemüsebrühe
Salz, Pfeffer

1. Die Erbsen palen. Grüne Bohnen putzen, waschen und in 3cm lange Stücke schneiden. Spinat waschen, verlesen und grob hacken.
2. Die Kartoffeln mit einer Bürste säubern und vierteln. Die Frühlingszwiebeln putzen, waschen und mit viel Grün grob zerschneiden.
3. Olivenöl und Frühlingszwiebeln in den Mixbehälter geben und mit eingesetztem Messbecher **5 Sekunden/Turbo-Taste** zerkleinern. Mit dem Spatel nach unten schieben und ohne Messbecher **4 Minuten/Anbrat-Taste** andünsten.
4. Brühe, Erbsen Bohnen und Kartoffeln dazugeben, Kocheinsatz als Spritzschutz aufsetzen und Gemüse **15 Minuten/100°C/Stufe 2** bissfest kochen. Eventuell bei Bedarf noch 2–3 Minuten länger kochen.
5. Den Spinat mit dem Spatel unterheben und weitere **3 Minuten/100°C/Stufe 2/Linkslauf** kochen. Minestrone mit Salz und Pfeffer abschmecken und auf 4 Teller verteilen.

Tipp: Gut dazu passt eine Gremolata aus 20g Basilikumblättern, 1TL abgeriebener Schale von 1 Bio-Zitrone, 2EL Olivenöl und 2–3EL Gemüsebrühe. Im Mörser zubereiten oder – bevor Sie die Suppe kochen – im Monsieur Cuisine fein pürieren.

Kohlrouladen

Für 4 Portionen • Pro Portion: 237 kcal, 13 g E, 10 g F, 23 g KH

16 Blätter Wirsing
1 Zwiebel
2–3 Knoblauchzehen
5 Stängel glatte Petersilie
1 EL Olivenöl
300 g Möhren
300 g Petersilienwurzeln oder Pastinaken
4 Tomaten
Salz, Pfeffer
500 ml Gemüsebrühe
50 g Schmelzkäse
1 EL Mehl
etwas frisch geriebene Muskatnuss

1. Den Wirsing in Blätter teilen und bei größeren Blättern die Mittelrispe entfernen. In eine flache, geräumige Schüssel geben und mit kochendem Wasser überbrühen. 10 Minuten ziehen lassen, damit die Blätter weich werden, dann abgießen und mit Küchenkrepp trocken tupfen.
2. Die Zwiebel abziehen und vierteln. Die Knoblauchzehen schälen. Die Petersilie waschen, trocken schütteln und die Blätter von den Stängeln zupfen. Zwiebel, Knoblauch und Petersilie zusammen mit dem Öl in den Mixbehälter geben, Messbecher einsetzen und alles **5 Sekunden/Turbo-Taste** zerkleinern. Mit dem Spatel nach unten schieben und offen **4 Minuten/Anbrat-Taste** andünsten.
3. Möhren und Petersilienwurzeln schälen, putzen und grob zerschneiden. Tomaten waschen, halbieren und die Stielansätze entfernen. Das Gemüse zu den gedünsteten Zwiebeln in den Mixbehälter geben und **5 Sekunden/Turbo-Taste** zerkleinern. In eine Schüssel umfüllen und mit Salz und Pfeffer abschmecken.

4. Jeweils 2 Wirsingblätter überlappend aufeinanderlegen und mit der Gemüsefüllung bestreichen. Die Seiten einschlagen, Blätter aufrollen und eventuell mit Zahnstochern fixieren. Mit der »Naht« nach unten im tiefen und flachen Dampfgaraufsatz verteilen.
5. Gemüsebrühe in den ungespülten Mixbehälter gießen, Dampfgaraufsatz aufsetzen und das Ganze **40 Minuten/Dampfgar-Taste** dämpfen.
6. Dampfgaraufsatz abnehmen und beiseite stellen. Für die Sauce Schmelzkäse, Mehl und Muskatnuss in die Brühe geben und mit eingesetztem Messbecher **5 Sekunden/Stufe 5** vermischen. **2 Minuten/100 °C/Stufe 3** einkochen lassen.
7. Die Rouladen auf 4 Teller verteilen und die Sauce getrennt dazu reichen.

Tipp: Wenn Sie Kartoffeln dazu essen wollen, können Sie diese geviertelt im Kocheinsatz gleichzeitig mitdämpfen.
Eine klassische Fleischfüllung machen Sie ganz einfach so: 1 geschälte und geviertelte Zwiebel und 1 grob zerschnittenes Brötchen **6 Sekunden/Stufe 5** zerkleinern. 400 g Hackfleisch, 2 Eier und 1 EL Senf dazugeben und **12 Sekunden/Stufe 4/Linkslauf** vermischen. Mit Salz, Pfeffer und Paprikapulver abschmecken.

Blumenkohl-»Reis« mit Gemüse

Für 4 Portionen • Pro Portion: 160 kcal, 7 g E, 9 g F, 11 g KH

800 g Blumenkohl
1 Zwiebel
1–2 Knoblauchzehen
1 gelbe oder orange Paprikaschote
250 g Zucchini
30 g Rapsöl
250 ml Gemüsebrühe
2 Stängel glatte Petersilie
Salz, Pfeffer
1–2 EL weißer Essig, z. B. Reisessig

1. Blumenkohl putzen, waschen und in Röschen teilen. In 2 Portionen im Mixbehälter mit eingesetztem Messbecher jeweils **4 Sekunden/ Turbo-Taste** auf etwa Reiskorngröße zerkleinern. In den Kocheinsatz geben.
2. Die Zwiebel abziehen und vierteln. Die Knoblauchzehen schälen. Die Paprikaschote putzen, waschen und grob zerschneiden. Zucchini waschen, putzen und ebenfalls grob zerschneiden.
3. Zwiebel, Knoblauch, Paprika, Zucchini und Öl in den Mixbehälter geben und mit eingesetztem Messbecher **5 Sekunde/Turbo-Taste** zerkleinern.
4. Das Gemüse ohne eingesetzten Messbecher **4 Minuten/Anbrat-Taste** andünsten. Die Brühe angießen, den Kocheinsatz mit dem Blumenkohl einhängen und zugedeckt **18 Minuten/100 °C/Stufe 1/Linkslauf** weich dünsten.
5. Die Petersilie waschen, trocken schütteln und die Blätter vom Stängel zupfen.
6. Den Blumenkohl mit dem Spatel unter das Zucchini-Paprika-Gemüse heben, mit Salz, Pfeffer und Essig pikant abschmecken und kurz **3 Sekunden/ Stufe 3/Linkslauf** durchrühren.
7. Auf Teller oder Schüsseln verteilen und mit Petersilie bestreut servieren.

Tipp: Je nach Laune und Saison können als Gemüse zum »Reis« auch mal Möhren, Fenchel, Brokkoli oder Pilze dazukommen.

Resteverwertung: Einfach mit etwas Essig und Öl abschmecken und fertig ist ein leckerer Salat zum Mitnehmen.

Laucheintopf mit Möhren

Für 4 Portionen • Pro Portion: 194 kcal, 6g E, 12g F, 16g KH

5 Stangen Lauch
400g Möhren
1 große Zwiebel
2 EL Rapsöl
1 EL Paprikapulver, rosenscharf oder edelsüß
1 TL Kurkuma
850 ml Gemüsebrühe
3 Stängel glatte Petersilie
Saft von ½ Zitrone
Salz, Pfeffer

1. Den Lauch putzen, längs aufschlitzen, gründlich waschen und in ca. 1 cm breite Ringe schneiden. Die Möhren schälen, putzen, waschen und in 3 mm dicke Scheiben schneiden. Die Zwiebel abziehen und grob zerschneiden.
2. Zwiebel mit dem Öl in den Mixbehälter geben und mit eingesetztem Messbecher **4 Sekunden/Turbo-Taste** zerkleinern. Mit dem Spatel nach unten schieben und ohne eingesetzten Messbecher **4 Minuten/Anbrat-Taste** andünsten.
3. Lauch, Möhren, Paprikapulver, Kurkuma und Brühe dazugeben und Gemüse in **15 Minuten/100 °C/Stufe 2** weich kochen. (Kocheinsatz als Spritzschutz aufsetzen!)
4. In der Zwischenzeit die Petersilie waschen, trocken schütteln, die Blätter von den Stielen zupfen und hacken.
5. Die Zitrone auspressen und den Saft mit dem Spatel einrühren. Die Suppe mit Salz und Pfeffer abschmecken, auf Teller verteilen und mit der Petersilie bestreut servieren.

Resteverwertung: Übrigen Eintopf können Sie pürieren (**15–25 Sekunden/Stufe 8** – je nach Menge) und mit 50 g Frischkäse oder Sahne als cremige Suppe genießen.
Außerdem können Sie Eintopfreste beliebig »strecken«. Ganz schnell geht das mit TK-Erbsen oder -Blattspinat. Auch Reste vom Blumenkohl-»Reis« können hier zum Einsatz kommen.

Eintopf mit Wurzelgemüse

Für 4 Portionen • Pro Portion: 295 kcal, 10 g E, 13 g F, 33 g KH

300 g frische Rote Bete
300 g Möhren
100 g Pastinaken
1 rote Paprikaschote
1 rote Peperonischote, nach Belieben
250 g Tomaten
2 Knoblauchzehen
800 ml Brühe
3 Stängel Petersilie
75 g saure Sahne
Salz, Pfeffer

1. Rote Bete schälen (am besten mit Einmalhandschuhen, sonst bleiben Ihre Finger noch stundenlang rot) und in etwa 1 ½ cm große Stücke schneiden. Möhren und Pastinaken schälen, putzen, waschen und ebenfalls in Stücke schneiden.
2. Paprika- und Peperonischote waschen, putzen (die scharfen Trennhäutchen der Peperonischote entfernen!) und grob zerschneiden. Die Tomaten waschen, halbieren und die Stielansätze entfernen. Die Knoblauchzehen abziehen.
3. Knoblauch, Paprika- und Peperonischote und Tomaten in den Mixbehälter geben und mit eingesetztem Messbecher **5 Sekunden/Turbo-Taste** zerkleinern. Mit dem Spatel nach unten schieben und das übrige Gemüse dazugeben. Die Brühe angießen und alles zugedeckt **20 Minuten/100 °C/Stufe 2/Linklauf** kochen. Kocheinsatz als Spritzschutz aufsetzen!
4. In der Zwischenzeit die Petersilie waschen, trocken schütteln, die Blättchen von den Stielen zupfen und nach Belieben hacken. Die saure Sahne glatt rühren.
5. Das Wurzelgemüse stückig lassen oder **3 Sekunden/Stufe 4** zerkleinern und den Eintopf mit Salz und Pfeffer abschmecken. Auf 4 Teller verteilen, je 1 EL saure Sahne in die Mitte setzen und mit Petersilie bestreut servieren.

Info: Zu den winterlichen Wurzelgemüsen gehören auch noch schwarzer, roter oder weißer Rettich, Rüben, Steckrüben, Knollensellerie und Meerrettich. Von all dem können Sie in der kalten Jahreszeit nicht genug essen, denn alle enthalten wichtige Mineralstoffe und Antioxidantien.

Resteverwertung: Mit etwas Gemüsebrühe und vorgekochter Roter Bete (vakuumiert im Supermarkt erhältlich) ist schnell ein »neuer« Eintopf gezaubert.

Champignoncreme mit Kohlrabi Ⓕ

Für 4 Portionen • Pro Portion: 127 kcal, 5g E, 8g F, 9g KH

1 Zwiebel
1–2 Knoblauchzehen
1 EL Kokosöl
2 kleine, junge Kohlrabi
200 g Möhren
250 g braune Champignons
800 ml Gemüsebrühe
3 Stängel Dill oder Petersilie
Salz, Pfeffer
frisch geriebene Muskatnuss

1. Zwiebel und Knoblauchzehen schälen und grob zerkleinern. Kokosöl im Mixbehälter **15 Sekunden/100 °C/Stufe 1** schmelzen. Zwiebel und Knoblauch dazugeben und **5 Sekunden/Turbo-Taste** mit eingesetztem Messbecher zerkleinern. Mit dem Spatel nach unten schieben und offen **4 Minuten/Anbrat-Taste** andünsten.
2. Kohlrabi und Möhren schälen, putzen und in mundgerechte Stücke schneiden. Die Champignons mit Küchenkrepp abreiben, 2–3 Stück in Scheiben schneiden und beiseite stellen.
3. Die restlichen Champignons in den Mixbehälter geben und **5 Sekunden/Stufe 4** zerkleinern. Kohlrabi, Möhren und Brühe dazugeben und **18 Minuten/100 °C/Stufe 2/Linkslauf** weich kochen. Kocheinsatz aufsetzen – es kann spritzen!
4. Dill waschen, trocken schütteln, die Blätter von den Stängeln zupfen und hacken.
5. Die Suppe mit Salz, Pfeffer und Muskatnuss abschmecken, die beiseite gelegten Champignonscheiben mit dem Spatel unterrühren und **3 Minuten/100 °C/Stufe 2/Linkslauf** garen.
6. Suppe auf 4 Teller verteilen und mit Petersilie bestreut servieren.

Tipp: Je nach Marktlage gibt es im Frühjahr schon frischen Blumenkohl, der sich an Stelle des Kohlrabi gut für eine leichte Mahlzeit eignet. Sie können auch mal mit Radieschen oder Spargel experimentieren, oder – im Sommer – 2 Fenchelknollen mit ihrem Grün verarbeiten! Wichtig sind immer die Champignons, die für eine cremige Konsistenz sorgen.

Resteverwertung: Kochen Sie beliebiges Gemüse mit etwas Gemüsebrühe in Ihrem Monsieur Cuisine, pürieren es leicht und rühren übrig gebliebene Champignoncreme einfach dazu.

Spargel-Schmand-Kuchen

Ⓕ ❄

Für 6 Portionen • Pro Portion: 543 kcal, 18 g E, 34 g F, 39 g KH

75 g junger Gouda
750 g grüner Spargel
500 ml Wasser
Salz, Zucker
10 g Butter
150 g Quark (20 % Fett)
75 ml Milch
90 ml Rapsöl
Salz
270 g Weizenmehl (Type 550)
1 Päckchen Backpulver
etwas Mehl für die Arbeitsfläche
300 ml Schmand (20 % Fett)
3 Eier, Größe M
1 EL Zitronensaft
Pfeffer aus der Mühle

1. Den Gouda in den Mixbehälter geben und mit eingesetztem Messbecher **7 Sekunden/Stufe 8** reiben. In eine Schüssel umfüllen. Mixbehälter nicht spülen.
2. Den Spargel waschen, im unteren Drittel schälen und die holzigen Enden abschneiden. Im flachen Dampfgaraufsatz verteilen. Wasser mit je 1 Prise Salz und Zucker sowie der Butter in den Mixbehälter geben, Dampfgaraufsatz aufsetzen und den Spargel **15 Minuten/Dampfgar-Stufe** bissfest dämpfen. Aufsatz abnehmen und beiseite stellen. Mixbehälter ausleeren und abtrocknen.
3. Für den Teig Quark, Milch und Öl mit 1 Prise Salz in den Mixbehälter geben und **5 Sekunden/Stufe 4** verrühren. Mit dem Spatel nach unten schieben, Mehl und Backpulver dazugeben, den Messbecher einsetzen und alles **2 Minuten/Teigknet-Taste** zu einem Teig verarbeiten.

4. Backofen auf 200 °C Ober-/Unterhitze (Umluft 180 °C) vorheizen.
5. Ein Stück Backpapier (ca. 35 x 30 cm) auf der Arbeitsfläche ausbreiten, mit Mehl bestäuben, den Teig daraufgeben, zu einem Fladen formen und diesen ausrollen. Eine entsprechende Form mit dem Backpapier und dem Teig auskleiden und einen etwa 2 cm hohen Rand hochziehen.
6. Den Dampfgaraufsatz abnehmen und beiseite stellen. Mixbehälter ausleeren und abtrocknen. Schmand, Eier, geriebenen Käse und Zitronensaft mit 1 Prise Salz und grob gemahlenem Pfeffer in den Mixbehälter geben und mit eingesetztem Messbecher **10 Sekunden/Stufe 4** vermischen.
7. Die Masse auf dem Teig verteilen, die Spargelstangen gleichmäßig darauflegen und leicht hineindrücken. Das Ganze im vorgeheizten Backofen 35 Minuten auf der unteren Schiene goldgelb backen.
8. Kuchen 5–10 Minuten bei abgeschaltetem Backofen ruhen lassen, herausnehmen und in 6 Portionen teilen. Heiß oder lauwarm servieren.

Resteverwertung: Zum Aufwärmen im Backofen mit Alufolie abdecken. Kann aber auch zimmerwarm gegessen werden – zum Beispiel mit einem kleinen Salat. Wenn Sie Reste einfrieren: Nach dem Auftauen noch mal 15–20 Minuten in den Backofen geben.

Rhabarber-Erdbeer-Clafoutis

F

Für 4 Portionen (als Hauptgericht) • Pro Portion: 415 kcal, 14 g E, 24 g F, 34 g KH

40 g ganze, ungeschälte Haselnüsse
4 Eier, Größe M
150 ml Milch
150 ml Schmand (20 % Fett)
40 g Zucker
85 g Weizenmehl (Type 550)
10 g weiche Butter für die Form
250 g Erdbeeren
250 g Rhabarber
Puderzucker nach Belieben

1. Den Backofen auf 180 °C Ober-/Unterhitze (Umluft 160 °C) vorheizen. Die Haselnüsse in den Mixbehälter geben und mit eingesetztem Messbecher **10 Sekunden/Stufe 7** zerkleinern.
2. Eier, Milch, Schmand, Zucker und Mehl dazugeben und **20 Sekunden/Stufe 5** vermischen.
3. Eine Auflaufform (ca. 27 cm Durchmesser) sorgfältig einfetten und den Teig hineingießen. Den Mixbehälter nicht spülen.
4. Die Erdbeeren waschen, entstielen und halbieren. Den Rhabarber waschen, putzen, eventuell dünn schälen und grob zerschneiden. In den Mixbehälter geben und **3 Sekunden/Stufe 4** zerkleinern (Messbecher einsetzen!).
5. Rhabarber und Erdbeeren auf dem Teig verteilen und Clafoutis im vorgeheizten Backofen auf der zweiten Schiene von unten in 35–40 Minuten goldgelb backen.
6. 10 Minuten bei abgeschaltetem Ofen ruhen lassen, damit sich der Fruchtsaft setzen kann, und nach Belieben mit Puderzucker bestreut servieren.

Tipp: Ein interessantes Aroma bringt frische Minze: Einige gewaschene Blätter in der Backform verteilen, dann erst den Teig einfüllen.

Info: Clafoutis, ein Mittelding zwischen Kuchen und Auflauf, wird klassisch mit Kirschen zubereitet. Man schneidet keine Tortenstücke heraus, sondern nimmt mit einem Löffel so viel, wie man möchte.

Tomaten-Gurken-Suppe mit Käse und Rucola

Für 4 Portionen • Pro Portion: 236 kcal, 9 g E, 17 g F, 11 g KH

700 g Rispentomaten
150 g Knollensellerie
1 Zwiebel
2 Knoblauchzehen
2 EL Rapsöl
40 g Tomatenmark
800 ml Gemüsebrühe
1 Salatgurke
80 g Hartkäse (z. B. mittelalter Gouda oder Emmentaler)
25 g Rucola
Salz, Pfeffer

1. Die Tomaten waschen, halbieren und die Stielansätze entfernen. Einige Hälften zum Garnieren beiseite legen. Knollensellerie schälen, putzen und grob zerschneiden. Zwiebel abziehen und halbieren. Knoblauchzehen schälen.
2. Sellerie, Zwiebel, Knoblauch, Öl und Tomatenmark in den Mixbehälter geben und mit eingesetztem Messbecher **5 Sekunden/Turbo-Taste** zerkleinern. Mit dem Spatel nach unten schieben und offen **5 Minuten/Anbrat-Taste** andünsten. Tomaten und Brühe dazugeben und **15 Minuten/100 °C/Stufe 2** kochen (Kocheinsatz als Spritzschutz aufsetzen!).
3. In der Zwischenzeit die Gurke schälen, längs halbieren, die Kerne mit einem Löffel entfernen und das Fruchtfleisch in Würfel schneiden. Den Käse in etwa 1 cm große Würfel schneiden und auf 4 Teller verteilen. Den Rucola waschen, gut trocken schütteln und die harten Stiele entfernen.
4. Das Gemüse im Mixbehälter **30 Sekunden/Stufe 7** pürieren (Messbecher!) und mit Salz und Pfeffer abschmecken. Über die Käsewürfel gießen, die restlichen Tomatenhälften, Gurkenwürfel und Rucola darübergeben und gleich servieren.

Resteverwertung: Die Suppe einfach mit mehr Tomaten, Salatgurke und Gemüsebrühe »strecken« – kalt püriert (**50 Sekunden/Stufe 8**) mit ein paar Eiswürfeln wird auch ein Smoothie daraus.

Ratatouille

Für 4 Portionen • Pro Portion: 96 kcal, 4 g E, 5 g F, 10 g KH

300 g Auberginen
Salz
200 g Zucchini
1 weiße Zwiebel
1–2 Knoblauchzehen
1 EL Olivenöl
300 g reife Tomaten
1 rote Paprikaschote
je 2 Zweige Majoran, Thymian und Oregano
Pfeffer
Balsamessig

1. Die Auberginen waschen, putzen, in etwa 1 ½ cm große Würfel schneiden, in eine Schüssel geben, salzen und zugedeckt ruhen lassen, damit sie Wasser ziehen. Die Zucchini waschen, putzen und in 1 ½ cm große Würfel schneiden. Die Zwiebel abziehen und vierteln. Die Knoblauchzehen schälen.
2. Zwiebel, Knoblauch und Olivenöl in den Mixbehälter geben und mit eingesetztem Messbecher **4 Sekunden/Turbo-Taste** zerkleinern. Mit dem Spatel nach unten schieben und ohne eingesetzten Messbecher **5 Minuten/Anbrat-Taste** andünsten.
3. In der Zwischenzeit die Tomaten waschen, vierteln und die Stielansätze herausschneiden. Die Paprikaschote waschen, putzen und grob zerschneiden. Die Kräuter waschen, trocken schütteln und die Blätter von den Stängeln zupfen.
4. Tomaten, Paprika und Kräuter in den Mixbehälter geben und **2 Sekunden/Stufe 4** zerkleinern (Messbecher!). Dann **12 Minuten/100 °C/Stufe 1/Linkslauf** kochen.
5. Die Auberginen in ein Sieb geben, mit kaltem Wasser abbrausen und gut ausdrücken. Zusammen mit den Zucchini in den Mixbehälter geben und weitere **12 Minuten/100 °C/Stufe 1/Linkslauf** garen.
6. Ratatouille mit Salz, Pfeffer und nach Belieben etwas Balsamico-Essig pikant abschmecken und heiß oder kalt zum Beispiel mit Baguette oder frischen Roggenbrötchen servieren.

Resteverwertung: Ratatouille ist ein klassisches Immer-wieder-aufwärm-Gericht. Der Geschmack wird dadurch noch intensiver. Mit gewürfelten roten oder gelben Paprikaschoten kommt wieder mehr Masse dazu.

Zucchiniauflauf

Für 4 Portionen • Pro Portion: 367 kcal, 22 g E, 28 g F, 8 g KH

100 g Bergkäse
2 Stangen Lauch (ca. 300 g, geputzt gewogen)
700 g Zucchini
3 EL Rapsöl
6 Eier, Größe M
2 TL Natron
Salz, Pfeffer
Petersilie zum Bestreuen

1. Backofen auf 200 °C Ober-/Unterhitze (Umluft nicht geeignet) vorheizen.
2. Bergkäse in den Mixbehälter geben und mit eingesetztem Messbecher **8 Sekunden/Stufe 8** zerkleinern. In eine Schüssel umfüllen und beiseite stellen.
3. Den Lauch putzen, längs aufschlitzen, gründlich waschen und mit viel Grün grob in Stücke schneiden. Die Zucchini putzen, waschen und grob zerschneiden.
4. Den Lauch in den Mixbehälter geben und **10 Sekunden/Stufe 5** zerkleinern (Messbecher!). Mit dem Spatel nach unten schieben, 2 EL Öl dazugeben und ohne eingesetzten Messbecher **4 Minuten/Anbrat-Taste** andünsten. Zucchini dazugeben und **3 Sekunden/Turbo-Taste** zerkleinern.
5. Die Eier in einer Schüssel mit Natron, Salz und Pfeffer verquirlen, in den Mixbehälter füllen und **10 Sekunden/Stufe 3/Linkslauf** untermischen.
6. Eine Auflaufform (etwa 20 x 30 cm) dünn mit dem restlichen Öl bepinseln, die Zucchinimasse einfüllen, mit dem Käse bestreuen und 15 Minuten im Ofen backen, bis die Oberfläche goldgelb ist.

Resteverwertung: Mit Alufolie zugedeckt können Auflaufreste noch einmal in den Backofen (zuvor mit etwas Wasser besprenkeln). Schmeckt aber auch kalt in Scheiben geschnitten auf einem Salat.

Apfelgalette mit Zimt

H

Für 4 Portionen • Pro Portion: 495 kcal, 7 g E, 23 g F, 64 g KH

200 g Mehl (Type 550) + etwas für die Arbeitsfläche
50 g Zucker
1 Pck. Vanillezucker
100 g kalte Butter in Stücken
Salz
75 ml kaltes Wasser
etwas Fett für die Form
100 g Apfelmus (Fertigprodukt)
1 TL gem. Zimt
3 mittelgroße Äpfel
1 Eigelb, Größe M

1. Für den Teig Mehl, Zucker, Vanillezucker, Butter, 1 Prise Salz und 60 ml kaltes Wasser in den Mixbehälter geben und **30 Sekunden/Knetstufe** zu einem krümeligen Teig verarbeiten. Teig auf Arbeitsfläche kippen und mit den Händen zu einer Kugel formen. In Frischhaltefolie gewickelt 1 Stunde im Kühlschrank ruhen lassen.
2. Den Backofen auf 190 °C Ober-/Unterhitze (Umluft 170 °C) vorheizen.
3. Eine Kuchen- oder Quicheform (ca. 27 cm Durchmesser) dünn mit Fett auspinseln. Den Teig auf der bemehlten Arbeitsfläche etwas größer als den Durchmesser der Form ausrollen. Hineingeben und einen dicken Rand formen.
4. Apfelmus mit Zimt verrühren und auf dem Teig verstreichen. Die Äpfel waschen, vierteln und die Kerngehäuse entfernen. Apfelviertel in schmale Spalten schneiden und den Kuchen damit belegen.
5. Eigelb mit dem restlichen Wasser in einer Tasse verquirlen und den Teigrand damit bestreichen. 30 Minuten im vorgeheizten Backofen goldgelb backen und anschließend auskühlen lassen.

Tipp: Die herbstliche Galette schmeckt auch mit Birnen.

Caprese-Suppe

4 Portionen • Pro Portion: 346 kcal, 14 g E, 28 g F, 9 g KH

750 g reife Tomaten
200 g Staudensellerie
1 Zwiebel
1 Knoblauchzehe
3 EL Olivenöl
750 ml Fleisch- oder Gemüsebrühe
je 1 Zweig Thymian und Oregano
2 Kugeln Mozzarella
4 Stängel Basilikum
Salz, Pfeffer

1. Die Tomaten waschen, halbieren und die Stielansätze herausschneiden. Sellerie waschen, putzen und in Stücke schneiden. Zwiebel und Knoblauchzehe abziehen und halbieren.
2. Zwiebel, Knoblauch und 1 EL Olivenöl in den Mixbehälter geben und mit eingesetztem Messbecher **3 Sekunden/Turbo-Taste** zerkleinern. Sellerie dazugeben und **5 Sekunden/Turbo-Taste** zerkleinern. Mit dem Spatel nach unten schieben und Gemüse offen **4 Minuten/Anbrat-Taste** andünsten.
3. Tomaten, Brühe, Thymian und Oregano in den Mixbehälter geben und mit dem Kocheinsatz als Spritzschutz abgedeckt **25 Minuten/95 °C/ Stufe 1** sehr weich kochen.
4. In der Zwischenzeit die Mozzarellakugeln gut abtropfen lassen und in je 6 Scheiben schneiden. Das Basilikum waschen, trocken schütteln und die Blätter von den Stängeln zupfen.
5. Thymian- und Oreganozweig aus dem Mixbehälter fischen und die Suppe **40 Sekunden/Stufe 6** pürieren (Messbecher!). Mit Salz und Pfeffer abschmecken.
6. Die Suppe auf die Teller verteilen, die Mozzarellascheiben in die Mitte geben und das Basilikum obenauf legen. Mit je ½ EL Olivenöl beträufeln und gleich servieren.

Tipp: Schmeckt auch gut gekühlt. Nach dem Abkühlen, vor dem Servieren noch mal in den Mixbehälter füllen und mit 10 Eiswürfeln **30 Sekunden/ Stufe 8** cremig mixen. Für Gäste zum Beispiel in Cocktailgläsern anrichten und Mozzarellakugeln und Basilikum auf Zahnstocher stecken und daraufgeben.

Aubergineneintopf mit Oliven

Für 4 Portionen • Pro Portion: 234 kcal, 5 g E, 18 g F, 12 g KH

400 g Auberginen
Salz
50 g ungeschälte Haselnüsse
1 weiße Zwiebel
150 g Staudensellerie
400 g reife Tomaten
2 EL Olivenöl
2 Stängel frische Minze
50 g schwarze Oliven (ohne Stein)
25 g Rosinen
50 ml Apfelessig
Pfeffer

1. Die Auberginen waschen, putzen und in etwa 1 ½ cm große Würfel schneiden. In eine Schüssel geben, salzen und zugedeckt ruhen lassen, damit sie Wasser ziehen.
2. In der Zwischenzeit die Haselnüsse hacken, in einer beschichteten Pfanne ohne Fett rösten und beiseite stellen.
3. Die Zwiebel abziehen und vierteln. Den Staudensellerie waschen, putzen, äußere Stängel eventuell dünn abschälen. In Stücke schneiden. Die Tomaten waschen, vierteln und die Stielansätze herausschneiden.
4. Zwiebel, Sellerie und Olivenöl in den Mixbehälter geben und mit eingesetztem Messbecher **4 Sekunden/Turbo-Taste** zerkleinern. Mit dem Spatel nach unten schieben und ohne Messbecher **4 Minuten/Anbrat-Taste** andünsten.
5. Die Auberginen in ein Sieb geben, mit kaltem Wasser abbrausen und gut ausdrücken. Die Minze waschen, trocken schütteln, die Blätter von den Stängeln zupfen und hacken.
6. Auberginen, Tomaten, Oliven, Rosinen, Essig und Minze in den Mixbehälter geben und zugedeckt **20 Minuten/90 °C/Stufe 2/Linkslauf** garen.
7. Eintopf mit Salz und Pfeffer abschmecken und heiß oder lauwarm servieren.

Info: Auberginen – auch Melanzani oder Eierfrüchte – sind extrem kalorienarm (17 kcal/100 g). Was sie mitunter zu Kalorienbomben macht, ist das Fett, mit dem Sie sich beim Braten vollsaugen.
Früher hat man die Auberginenscheiben gesalzen und ziehen lassen, um ihnen die Bitterstoffe zu entziehen. Diese sind mittlerweile weitgehend weggezüchtet. Heute macht man das nur noch, um ihnen Wasser zu entziehen. Immer noch enthalten ist aber das bittere und giftige Solanin. Deshalb nie roh essen! Achten Sie beim Einkauf auf eine glatte Schale und einen matten Glanz, dann sind die Eierfrüchte richtig frisch – gibt es ab Juli bis Oktober auch aus regionalem Anbau.

Resteverwertung: 1 Aubergine quer in ca. 1 cm dicke Scheiben schneiden. Diese von beiden Seiten in Olivenöl anbraten, auf Küchenkrepp abtropfen lassen und mit den aufgewärmten Resten des Eintopfs bestreichen. Mit ein paar zusätzlichen Oliven und Minzeblättern bestreuen.

Spinatquiche mit Schafskäse

Für 4 Portionen • Pro Portion: 550 kcal, 20 g E, 38 g F, 30 g KH

150 g Weizenmehl (Type 550)
1 Prise Salz
100 g weiche Butter
3 Eier, Größe M
etwas Mehl für die Arbeitsfläche
750 g Spinat
4 Frühlingszwiebeln
1 Knoblauchzehe
1 EL Olivenöl
Pfeffer
frisch geriebene Muskatnuss
150 g Schafskäse
etwas Butter für die Form
Hülsenfrüchte zum Blindbacken

1. Mehl, Salz, Butter und 1 Ei in den Mixbehälter geben und mit **Teigknet-Taste** vermischen. Teig auf die bemehlte Arbeitsfläche kippen und mit den Händen zu einer Kugel formen. In Frischhaltefolie wickeln und 30–60 Minuten im Kühlschrank ruhen lassen.
2. In der Zwischenzeit den Spinat waschen, verlesen, putzen und gut trocken schleudern. Frühlingszwiebeln abziehen und mit viel Grün grob zerschneiden. Die Knoblauchzehe schälen.
3. Frühlingszwiebeln, Knoblauch und Öl in den Mixbehälter geben und mit eingesetztem Messbecher **5 Sekunden/Turbo-Taste** zerkleinern. Mit dem Spatel nach unten schieben und offen **4 Minuten/Anbrat-Taste** andünsten.
4. Den Spinat in 2–3 Portionen dazugeben und mithilfe des Spatels jeweils **5 Sekunden/Stufe 5** zerkleinern. (Zwischendurch nicht mit dem Spatel nach unten schieben!) Anschließend ohne eingesetzten Messbecher **3 Minuten/100 °C/Stufe 3/Linkslauf** dünsten. Mit Salz, Pfeffer und Muskatnuss würzen.

5. Schafskäse aus der Packung nehmen, abtropfen lassen und würfeln. Mit den restlichen 2 Eiern **5 Sekunden/Stufe 3/Linkslauf** unter den Spinat mischen.
6. Den Backofen auf 180 °C Ober-/Unterhitze (Umluft 160 °C) vorheizen.
7. Eine Quicheform (ca. 27 cm Durchmesser) dünn mit Butter einfetten und mit dem Teig auskleiden. Dabei einen Rand hochziehen. Den Teig mehrmals mit einer Gabel einstechen, mit Backpapier belegen und Hülsenfrüchte zum Beschweren darauflegen. Teig 15 Minuten im vorgeheizten Backofen blindbacken. Herausnehmen und Backpapier mit den Hülsenfrüchten entfernen.
8. Die Spinat-Käse-Masse auf dem Teig verteilen und Quiche 10 Minuten im Ofen auf der mittleren Schiene fertig backen.

Tipp: **So eine Quiche mit ihrem Mürbeteig hat es in sich! Die Menge ist für 4 Portionen großzügig bemessen. Sie macht auch 6 Personen satt, wenn Sie einen kleinen Salat dazu reichen.**

Gedämpfter Rosenkohl mit Lauch und Äpfeln

Für 4 Portionen • Pro Portion: 248 kcal, 13 g E, 12 g F, 22 g KH

1 kg Rosenkohl
500 ml Wasser
2 Stangen Lauch
2 säuerliche Äpfel
1–2 EL Zitronensaft
50 g Butter
Salz, Pfeffer

1. Den Rosenkohl putzen und halbieren oder vierteln. Im tiefen und flachen Dampfgaraufsatz verteilen. Wasser in den Mixbehälter füllen, Dampfgaraufsätze aufsetzen und Rosenkohl **25–30 Minuten/Dampfgar-Taste** dämpfen.
2. In der Zwischenzeit den Lauch putzen, längs aufschlitzen, gut waschen und in etwa ½ cm breite Ringe schneiden. Die Äpfel schälen, Kerngehäuse entfernen, Fruchtfleisch würfeln und mit Zitronensaft beträufeln.
3. Die Dampfgareinsätze abnehmen und beiseite stellen. Mixbehälter abtrocknen.
4. Die Butter in den Mixbehälter geben und **10 Sekunden/100 °C/Stufe 2** schmelzen. Die Lauchringe dazugeben und ohne eingesetzten Messbecher **3 Minuten/100 °C/Stufe 1/Linkslauf** andünsten. Die Apfelwürfel dazugeben und weitere **2 Minuten/100 °C/Stufe 2/Linkslauf** dünsten.
5. Rosenkohl in eine große Schüssel geben und die Lauch-Apfel-Mischung unterheben. Mit Salz und Pfeffer würzen und gleich servieren.

Tipp: Sie können Lauch und Äpfel auch in einer beschichteten Pfanne leicht anbraten, während der Rosenkohl gart. Zum Mitbraten geeignet sind Schinken-Nuggets, die Sie preiswert in 50-g-Packungen im Kühlregal finden.

Resteverwertung: Zum Aufwärmen in einer beschichteten Pfanne in etwas Öl anbraten. Oder im Mixbehälter mit 400–600 ml Gemüsebrühe aufkochen, pürieren und mit Sahne oder Schmand verfeinern.

Teigwaren

Ein Teller Nudeln macht immer glücklich – nicht nur Kinder! Das ist sogar wissenschaftlich belegt: Die enthaltenen Kohlenhydrate befördern das Glückshormon Serotonin ins Gehirn. Für Sportler sind Nudelgerichte ein Muss. Eine »Nudelparty« am Vorabend des Marathonlaufs füllt die Kohlenhydratespeicher in der Leber und gibt Ausdauer. Aber auch der Kopfarbeiter sollte sich mit Kohlenhydraten eindecken – denn das Gehirn benötigt ihre Energie, um gut zu arbeiten.

Viele Gerichte in diesem Kapitel sind natürlich italienisch inspiriert. Spaghetti, Penne, Tagliatelle, Orecchiette, Farfalle – die Formenvielfalt ist riesig, und es gibt sie preiswert und oft sogar als Sonderangebot in jedem Supermarktregal.

Es werden aber auch Fleckerln, Hörnchen und griechische Orzo verwendet. Mit den Mie-Nudeln wird China, dem angeblichen Ursprungsland aller Teigwaren, Reverenz erwiesen.

Tagliatelle mit Rucola

Für 4 Portionen • Pro Portion: 500 kcal, 15 g E, 20 g F, 66 g KH

100 g Rucola
2 Knoblauchzehen
100 g Schafskäse
50 ml Olivenöl
Salz, Pfeffer
1 ½ l Wasser
360 g Tagliatelle

1. Den Rucola waschen, verlesen und harte Stiele abschneiden. Mit Küchenkrepp trocken tupfen. Den Knoblauch schälen.
2. 80 g Rucola, Knoblauch, 80 g Schafskäse und Olivenöl in den Mixbehälter geben und alles mithilfe des Spatels **15 Sekunden/Stufe 8** zerkleinern. Mit dem Spatel nach unten schieben und den Vorgang wiederholen, sodass eine eher grobe Paste entsteht. In eine Schüssel umfüllen und mit Salz und Pfeffer abschmecken. Mixbehälter nicht spülen.
3. Wasser in den Mixbehälter füllen und salzen. In **10 Minuten/100 °C/Stufe 1** zum Kochen bringen.
4. Die Tagliatelle hineingeben, Zeit nach Packungsanleitung einstellen und Nudeln bei **100 °C/Stufe 2/Linkslauf** bissfest kochen. Durch ein Sieb abgießen und auf 4 Teller verteilen.
5. Die Rucolapaste darauf verteilen und mit dem restlichen Rucola und Schafskäse bestreut servieren.

Tipp: Nach Belieben können Sie dazu noch 150 g Zucchini in Scheiben schneiden und in einer beschichteten Pfanne mit 2 EL Olivenöl kräftig anbraten und untermischen.

Chinakohl-Möhren-Eintopf mit Mie-Nudeln

Für 4 Portionen • Pro Portion: 211 kcal, 6 g E, 6 g F, 29 g KH

500 g Chinakohl oder Spitzkohl
300 g Möhren
1 Bund Frühlingszwiebeln
1 l Gemüsebrühe oder Misobrühe (Instant)
120 g Mie-Nudeln (asiatische Instantnudeln aus dem Supermarkt)
Salz, Pfeffer
helle Sojasauce nach Belieben

1. Ein entsprechend großes Stück vom Kohl abschneiden, den harten Strunk und die äußeren Blätter entfernen. Kohl grob in Stücke schneiden und in den tiefen Dampfgaraufsatz legen. Die Möhren schälen, putzen, waschen und in Streifen schneiden. Die Frühlingszwiebeln putzen, waschen und längs in Streifen schneiden.
2. Möhren und Zwiebeln in den Mixbehälter geben und die Brühe angießen. (Wenn Sie das Gemüse nicht von Hand in Streifen schneiden wollen: vorher **5 Sekunden/Turbo-Taste** zerkleinern.)
3. Den Dampfgaraufsatz mit dem Kohl aufsetzen und das Ganze **15 Minuten/100 °C/Stufe 1/Linkslauf** garen. Den Dampfgaraufsatz abnehmen und die Nudeln mit dem Spatel in die Brühe drücken. Dampfgaraufsatz wieder aufsetzen und Eintopf nach Packungsanleitung etwa **6 Minuten/100 °C/Stufe 1/Linkslauf** fertig garen.
4. Die Suppe mit Salz, Pfeffer und nach Belieben Sojasauce abschmecken, den Kohl in tiefen Tellern anrichten und mit der Nudelsuppe begießen.

Tipp: Wer es gerne schärfer mag, kann zusammen mit den Möhren und Frühlingszwiebeln ein walnussgroßes Stück Ingwer – geschält und in feine Streifen geschnitten – mitgaren.

Info: Mie-Nudeln werden meist instant angeboten. Die Kochzeit verringert sich dadurch auf 4–5 Minuten. Manchmal müssen sie auch nur in heißem Wasser eingeweicht werden. Genauso wie die italienischen Teigwaren werden sie aus Hartweizengrieß hergestellt. Sie liegen verknäuelt in den Päckchen und entwirren sich im heißen Wasser von selbst. Ihr japanisches Pendant sind die Ramen-Nudeln – auch diese finden Sie im Supermarkt in der Asia-Abteilung.

Winterliche Minestrone

Für 4 Portionen • Pro Portion: 389 kcal, 14 g E, 15 g F, 47 g KH

40 g Parmesan oder Grana Padano
2 Zwiebeln
2 Knoblauchzehen
2 EL Olivenöl
200 g Staudensellerie
200 g Möhren
300 g Blumenkohl
400 g Tomaten
1 Stückchen Zimtstange
750 ml Gemüsebrühe
200 g Hörnchen oder Farfalle
Salz, Pfeffer
einige Basilikum- oder Petersilienblätter, nach Belieben

1. Den Parmesan in Stücke brechen, in den Mixbehälter geben, Messbecher einsetzen und Käse **8 Sekunden/Stufe 8** reiben. In eine Schüssel umfüllen. Mixbehälter nicht spülen.
2. Die Zwiebeln abziehen und vierteln. Die Knoblauchzehen schälen. Beides zusammen mit dem Olivenöl in den Mixbehälter geben und mit eingesetztem Messbecher **5 Sekunden/Turbo-Taste** zerkleinern. Mit dem Spatel nach unten schieben und ohne Messbecher **4 Minuten/Anbrat-Taste** andünsten.
3. In der Zwischenzeit Gemüse putzen oder schälen, waschen und in mundgerechte Stücke schneiden. Die Tomaten waschen, halbieren und die Stielansätze entfernen.
4. Die Tomaten in den Mixbehälter geben und **4 Sekunden/Stufe 4** zerkleinern (Messbecher!).
5. Das übrige Gemüse, die Zimtstange und die Gemüsebrühe dazugeben und alles **12 Minuten/100 °C/Stufe 2/Linkslauf** kochen. Kocheinsatz als Spritzschutz aufsetzen!

6. Anschließend die Hörnchen mit dem Spatel unterheben und je nach Packungsanleitung **8–12 Minuten/100 °C/Stufe 1/Linkslauf** kochen.
7. Die Zimtstange nach Möglichkeit herausfischen und die Minestrone mit Salz und Pfeffer abschmecken. Auf 4 Teller verteilen und mit Parmesan und – nach Belieben – Basilikum oder Petersilie bestreut servieren.

Resteverwertung: Übrige Minestrone können Sie mit Brühe nach Belieben mit schnell garenden Gemüsesorten (zum Beispiel Chinakohl, TK-Erbsen) strecken.

Penne mit Bärlauchpesto

F

Für 4 Portionen • Pro Portion: 510 kcal, 15 g E, 18 g F, 68 g KH

75 g Bärlauch
½ Bio-Zitrone
40 g Parmesan oder Grana Padano
30 g Cashewkerne (ersatzweise geschälte Mandeln)
50 ml Olivenöl
Salz, Pfeffer
1 ½ l Wasser
360 g Penne oder Spiralnudeln

1. Den Bärlauch waschen, verlesen und die Stiele entfernen. Gut abtropfen lassen oder in einer Salatschleuder trocknen. Grob zerschneiden. Die Zitrone heiß waschen, 1–2 TL Schale fein abraspeln und die halbe Frucht auspressen.
2. Den Parmesan in Stücke schneiden, in den Mixbehälter geben und mit eingesetztem Messbecher **8 Sekunden/Stufe 8** reiben.
3. Die Cashewkerne in einer beschichteten Pfanne ohne Fett rösten und zum Käse in den Mixbehälter geben.
4. Bärlauch, Zitronenschale, -saft und Olivenöl in den Mixbehälter geben, Messbecher einsetzen und alles **25 Sekunden/Stufe 6** zu einem cremigen Pesto verrühren. Eventuell zwischendurch mit dem Spatel nach unten schieben.
5. In eine Schüssel umfüllen und durchziehen lassen. Erst kurz vor dem Servieren mit Salz und Pfeffer abschmecken. Den Mixbehälter nicht spülen.
6. Wasser in den Mixbehälter füllen, leicht salzen und in **10 Minuten/100 °C/Stufe 1** zum Kochen bringen. Die Penne einfüllen, Zeit nach Packungsanleitung einstellen und Nudeln bei **100 °C/Stufe 2/Linkslauf** bissfest kochen.
7. Penne durch ein Sieb abgießen, abtropfen lassen, in eine Schüssel geben und mit dem Pesto vermischen.

Info: Ende März, spätestens Anfang April sind die Böden vieler Laubwälder mit Bärlauch, dem »Knoblauch des Waldes«, bedeckt, der nur darauf wartet, gepflückt zu werden. Jedoch ist Vorsicht geboten, sieht er doch den giftigen Maiglöckchenblättern sehr ähnlich. Das unverwechselbare Unterscheidungsmerkmal ist natürlich der Geruch. Auch in der Blütezeit sind die beiden leicht zu unterscheiden. Während Bärlauchblätter weich und mattgrün sind, glänzen die der Maiglöckchen dunkelgrün und sind fest. Zudem sprießen die Blätter des Bärlauchs einzeln aus dem Waldboden, die der Maiglöckchen wachsen paarweise direkt am Stängel.
Das typische Frühlingskraut ist vor allem in den südlichen Wäldern in Deutschland und Österreich zu finden. Achtung: In Hamburg, Brandenburg und Schleswig-Holstein steht er auf der Roten Liste!

Spiralen mit Spargel und Tomaten

Für 4 Portionen • Pro Portion: 520 kcal, 21 g E, 15 g F, 74 g KH

40 g Parmesan oder Grana Padano
250 g grüner Spargel
250 g kleine Strauchtomaten
1–2 Knoblauchzehen
2 EL Olivenöl
50 g Schinken-Nuggets
1 EL Tomatenmark
700 ml Wasser oder Gemüsebrühe
400 g Spiralnudeln
Salz
1 Stängel glatte Petersilie oder Basilikum

1. Den Parmesan in Stücke brechen, in den Mixbehälter geben, Messbecher einsetzen und Käse **8 Sekunden/Stufe 8** reiben. In eine Schüssel umfüllen und beiseite stellen.
2. Den Spargel waschen, im unteren Drittel schälen, die harten Enden abschneiden und die Stangen in etwa 3 cm lange Stücke schneiden. In den tiefen Dampfgaraufsatz legen.
3. Die Strauchtomaten waschen, am Stielansatz kreuzweise einschneiden. Die Knoblauchzehen schälen.
4. Knoblauch und Öl in den Mixbehälter geben und mit eingesetztem Messbecher **3 Sekunden/Turbo-Taste** zerkleinern. Mit dem Spatel nach unten schieben und den Vorgang wiederholen.
5. Schinken-Nuggets und Tomatenmark dazugeben und ohne eingesetzten Messbecher **4 Minuten/Anbrat-Taste** andünsten. In eine Schüssel umfüllen. Den Mixbehälter nicht spülen.
6. Wasser oder Brühe und Salz in den Mixbehälter füllen, Dampfgaraufsatz aufsetzen und den Spargel **12 Minuten/Dampfgar-Taste** dämpfen. Den Spargel etwas zur Seite schieben, und die Tomaten dazulegen.
7. Spiralen in den Mixbehälter geben, Dampfgaraufsatz wieder aufsetzen. Zeit je nach Packungsanleitung einstellen und Nudeln auf **120 °C/Stufe 2/Linkslauf** bissfest garen. In der Zwischenzeit die Petersilie waschen, trocken schütteln und die Blätter vom Stängel zupfen.
8. Wenn nötig restliches Kochwasser aus dem Mixbehälter abgießen, Spiralen in eine Schüssel geben und mit Tomaten, Spargel und Schinkenmischung vermischen. Mit Parmesan und Petersilie bestreut servieren.

Tipp: Die Supermarktregale sind voll von Teigwaren in allerlei Formen. Sie können für die 1-Topf-Rezepte natürlich auch Girandole, Fusilli, Farfalle, Penne oder was es sonst noch so alles gibt verwenden.

Resteverwertung: Bewahren Sie Reste getrennt vom Parmesan auf. Dann können Sie die Spiralen mit Sauce einfach mit etwas Wasser zugedeckt warm dünsten.

Tomaten-Orecchiette mit Bacon

Für 4 Portionen • Pro Portion: 363 kcal, 14 g E, 10 g F, 54 g KH

1 kg kleine Rispentomaten
1 kleine Zwiebel
1 Knoblauchzehe
1 EL Olivenöl
2 Stängel Staudensellerie
250 g Orecchiette oder Farfalle
1 l Wasser oder Gemüsebrühe
2 Stängel Basilikum
8 Scheiben Frühstücksspeck
Salz, Pfeffer

1. Die Tomaten waschen und grob zerkleinern. Einige Tomaten zum Garnieren ganz lassen und in den flachen Dampfgaraufsatz legen. Die Zwiebel abziehen und vierteln. Knoblauchzehe schälen.
2. Zwiebel und Knoblauch in den Mixbehälter geben und mit eingesetztem Messbecher **5 Sekunden/Turbo-Taste** zerkleinern. Mit dem Spatel nach unten schieben, Olivenöl dazugeben und ohne eingesetzten Messbecher **4 Minuten/Anbrat-Taste** andünsten.
3. In der Zwischenzeit Staudensellerie waschen, putzen und eventuell dünn abschälen. In Würfel schneiden.
4. Die Tomaten in den Mixbehälter geben und **10 Sekunden/Stufe 7** pürieren (Messbecher!). Staudensellerie, Orecchiette und Wasser in den Mixbehälter geben, den Dampfgaraufsatz mit den ganzen Tomaten aufsetzen und das Ganze **20 Minuten/100 °C/Stufe 2/Linkslauf** garen, bis die Teigwaren bissfest und die Tomaten weich sind.

5. Basilikum waschen, trocken schütteln und die Blätter von den Stängeln zupfen. Frühstücksspeck in einer großen, beschichteten Pfanne ohne Fett knusprig braten und auf Küchenkrepp abtropfen lassen.
6. Tomaten-Orecchiette mit Salz und Pfeffer abschmecken und auf 4 Teller verteilen. Ganze Tomaten und Basilikumblätter daraufgeben und mit den Speckscheiben am Rand servieren.

Resteverwertung: Sollen aus einem Rest wieder mehrere Portionen werden, bereiten Sie im Monsieur Cuisine noch mal eine kleinere Menge zu und erwärmen den Rest mit den Orecchiette in der frischen Portion.

Bunter Sommereintopf mit Hörnchen

Für 4 Portionen • Pro Portion: 300 kcal, 12 g E, 8 g F, 43 g KH

1 große Zwiebel
1 EL Olivenöl
200 g Möhren
200 g Zucchini
400 g Tomaten
700 ml Gemüsebrühe
150 g Hörnchen (ersatzweise Farfalle oder Penne)
1 kleine Dose weiße Bohnen (280 g Abtropfgewicht)
2 Stängel frisches Basilikum
Salz, Pfeffer
2–3 EL weißer Essig

1. Die Zwiebel abziehen und vierteln. Mit dem Öl in den Mixbehälter geben und mit eingesetztem Messbecher **5 Sekunden/Turbo-Taste** zerkleinern. Mit dem Spatel nach unten schieben und ohne Messbecher **4 Minuten/Anbrat-Taste** andünsten.
2. In der Zwischenzeit die Möhren schälen, putzen und grob zerschneiden. Die Zucchini waschen, putzen und ebenfalls zerschneiden. Die Tomaten waschen, halbieren und die Stielansätze herausschneiden.
3. Tomaten in den Mixbehälter zur Zwiebel geben und **3 Sekunden/Stufe 5** zerkleinern (Messbecher!).
4. Möhren und Zucchini dazugeben und **3 Sekunden/Stufe 5 zerkleinern**. (Alternativ können sie Möhren und Zucchini auch von Hand in 1 cm große Würfel schneiden.)
5. Die Gemüsebrühe angießen und das Ganze in **8 Minuten/100 °C/Stufe 2/Linkslauf** zum Kochen bringen. Die Hörnchen zufügen, Zeit nach Packungsanleitung einstellen und Nudeln bei **100 °C/Stufe 2/Linkslauf** bissfest kochen.
6. In der Zwischenzeit die Bohnen durch ein Sieb abgießen und kalt abbrausen. Zum Eintopf geben und **2 Minuten/100 °C/Stufe 2/Linkslauf** erhitzen. Basilikum abbrausen, trocken schütteln und die Blätter von den Stängeln zupfen.
7. Eintopf mit Salz, Pfeffer und Essig pikant abschmecken, auf 4 Teller verteilen und mit dem Basilikum garniert servieren.

Tipp: Diesem Eintopf können Sie auch anderes Sommergemüse je nach Laune und Marktlage hinzufügen. Fenchel zum Beispiel macht sich hervorragend dazu.

Auberginen-Pasta

Für 4 Portionen • Pro Portion: 491 kcal, 18 g E, 12 g F, 76 g KH

40 g Parmesan oder Grana Padano
2 Knoblauchzehen
1 EL Olivenöl
2 EL Tomatenmark
250 g kleine Rispentomaten
400 g Auberginen
400 g Farfalle oder andere Teigwaren
700 ml Gemüsebrühe
2 Stängel Basilikum oder Thymian
Salz, Pfeffer

1. Den Parmesan in Stücke schneiden, in den Mixbehälter geben, Messbecher einsetzen und Käse **8 Sekunden/Stufe 8** reiben. In eine Schüssel umfüllen und beiseite stellen. Mixbehälter nicht spülen.
2. Die Knoblauchzehen schälen und zusammen mit dem Olivenöl in den Mixbehälter geben und **2 Sekunden/Turbo-Taste** zerkleinern (Messbecher!). Mit dem Spatel nach unten schieben, das Tomatenmark dazugeben und ohne eingesetzten Messbecher **4 Minuten/Anbrat-Taste** andünsten.
3. Die Tomaten waschen, halbieren und Stielansätze entfernen. Die Auberginen waschen, putzen, längs halbieren und in 1 ½ cm dicke Scheiben schneiden.
4. Auberginen, Farfalle und Tomaten in den Mixbehälter geben, die Gemüsebrühe angießen und das Ganze bei **12–14 Minuten/100 °C/Stufe 2/ Linkslauf** garen, dabei Zeit nach Packungsangabe der Nudeln einstellen.
5. Basilikum oder Thymian waschen, trocken schütteln und die Blätter von den Stängeln zupfen.
6. Die Pasta mit Salz und Pfeffer abschmecken, auf 4 Teller verteilen und mit Parmesan und Basilikum- bzw. Thymianblättern bestreut servieren.

Resteverwertung: Übrige Pasta kann man in einer beschichteten Pfanne mit etwas Öl anbraten und anschließend mit Balsamico-Essig beträufeln.

Farfalle mit Kürbis

Für 4 Portionen • Pro Portion: 545 kcal, 15 g E, 17 g F, 80 g KH

1 Zwiebel
1 Stück Ingwer (walnussgroß)
300 g Hokkaidokürbis
150 g Möhren
1 EL Rapsöl
400 g Farfalle
200 ml Kokosmilch
800 ml Gemüsebrühe
2 Stängel Petersilie
Salz, Pfeffer

1. Die Zwiebel abziehen und vierteln. Den Ingwer schälen und vierteln. Die Kürbisschale waschen (sie wird mitverwendet), die Kerne entfernen und das Fruchtfleisch grob würfeln. Möhren schälen, putzen, waschen und grob zerschneiden.
2. Zwiebel und Ingwer mit dem Öl in den Mixbehälter geben und mit eingesetztem Messbecher **5 Sekunden/Turbo-Taste** zerkleinern. Anschließend ohne Messbecher **4 Minuten/Anbrat-Taste** andünsten.
3. Möhren dazugeben und **3 Sekunden/Stufe 5** zerkleinern. (Messbecher!) Den Kürbis hinzufügen und **3 Sekunden/Stufe 4** zerkleinern.
4. Farfalle, Kokosmilch und Gemüsebrühe angießen und alles zusammen **12 Minuten/90 °C/Rührstufe/Linkslauf** zugedeckt kochen.
5. In der Zwischenzeit die Petersilie waschen, trocken schütteln, die Blätter von den Stielen zupfen und fein hacken.
6. Die Farfalle mit Salz und Pfeffer abschmecken, auf 4 Teller verteilen und mit den Petersilienblättchen bestreut servieren.

Info: Sie können auch Teigwaren in Muschelform, Orecchiette oder Gnocchi verwenden. Die Kochzeit müssen Sie eventuell um 2–3 Minuten verlängern, da die Teigwaren nicht komplett in der Flüssigkeit schwimmen.

Orzo-Tomaten-Eintopf mit Wurst

Für 4 Portionen • Pro Portion: 488 kcal, 20 g E, 21 g F, 53 g KH

1 große Zwiebel
2–3 Knoblauchzehen
1 EL Olivenöl
1 rote Paprikaschote
1 rote Peperonischote, nach Belieben
500 g Tomaten
250 g Orzo (ersatzweise italienische Risoni)
800 ml Gemüsebrühe
2 Stängel krause oder glatte Petersilie
200 g Mettenden
Salz, Pfeffer

1. Die Zwiebel abziehen und vierteln. Die Knoblauchzehen schälen. Beides zusammen mit dem Olivenöl in den Mixbehälter geben, Messbecher einsetzen und Gemüse **5 Sekunden/Turbo-Taste** zerkleinern. Mit dem Spatel nach unten schieben und ohne Messbecher **4 Minuten/Anbrat-Taste** andünsten.
2. Die Paprikaschote (und eventuell Peperonischote) waschen, putzen und grob zerschneiden. Die Tomaten waschen, halbieren und die Stielansätze entfernen. Paprika (und Peperoni) und Tomaten in den Mixbehälter geben und **8 Sekunden/Stufe 6** (Messbecher!) zerkleinern.
3. Orzo und Gemüsebrühe dazugeben und das Ganze **12 Minuten/100 °C/Stufe 2/Linkslauf** weich kochen.
4. In der Zwischenzeit die Petersilie waschen, trocken schütteln und die Blätter von den Stängeln zupfen.
5. Die Wurst in Scheiben schneiden und in einer beschichteten Pfanne ohne Fett kurz anbraten. Auf Küchenkrepp abtropfen lassen.
6. Den Orzo-Tomaten-Eintopf mit Salz und Pfeffer abschmecken, auf 4 Teller verteilen, die Wurstscheiben obenauf geben. Mit Petersilie bestreut servieren.

Info: Ohne Mettwurst ist das Gericht vegan und hat 341 kcal, 10 g E, 9 g F, 53 g KH.

Resteverwertung: Sie können den Eintopf ohne Mettwurst einfrieren und nach dem Auftauen frische Wurst dazu anbraten.

Herbstliche Tagliatelle mit Pfifferlingen

Für 4 Portionen • Pro Portion: 588 kcal, 19 g E, 27 g F, 70 g KH

40 g Parmesan oder Grana Padano
300 g Austernpilze
50 g Pfifferlinge
1 kleine Zwiebel
2 EL Rapsöl
360 g Tagliatelle
750 ml Gemüsebrühe
250 ml saure Sahne
4 Stängel Thymian
Salz, Pfeffer

1. Den Parmesan in Stücke schneiden, in den Mixbehälter geben, Messbecher einsetzen und Käse **8 Sekunden/Stufe 8** reiben. In eine Schüssel umfüllen und beiseite stellen.
2. Die Austernpilze – wenn erforderlich – mit einer weichen Bürste putzen und die harten Stiele abschneiden. Die Köpfe in 2 cm breite Streifen schneiden. Die Pfifferlinge putzen und in den flachen Dampfgaraufsatz legen.
3. Die Zwiebel abziehen und vierteln. Zusammen mit den Pilzstielen und dem Olivenöl in den Mixbehälter geben und mit eingesetztem Messbecher **5 Sekunden/Turbo-Taste** zerkleinern. Mit dem Spatel nach unten schieben und ohne Messbecher **4 Minuten/Anbrat-Taste** andünsten.
4. Tagliatelle, Gemüsebrühe, saure Sahne, Austernpilze und Thymianzweige in den Mixbehälter geben und den Dampfgaraufsatz mit den Pfifferlingen aufsetzen. Zeit nach Packungsanleitung der Nudeln einstellen und alles bei **100 °C/Stufe 1 /Linkslauf** weich kochen. Zwischendurch kontrollieren, ob noch genug Flüssigkeit im Mixbehälter ist – die Teigwaren verbrauchen je nach Hersteller unterschiedlich viel Wasser.
5. Dampfgaraufsatz abnehmen und beiseite stellen. Die Tagliatelle mit Salz und Pfeffer abschmecken. Nach Möglichkeit die Thymianstängel herausfischen und nur die Blättchen im Gericht lassen.
6. Tagliatelle auf 4 Teller verteilen, die Pfifferlinge dazulegen und Gericht mit Parmesan bestreut servieren.

Info: Austernpilze sind preiswert, Pfifferlinge in guter Qualität eher teuer. Deshalb wurden auch nur wenige verwendet, da das für das Aroma ausreichend ist.

Kürbis-Lasagne

Für 4 Portionen • Pro Portion: 564 kcal, 22 g E, 25 g F, 61 g KH

125 g mittelalter Gouda
2 Zwiebeln
2 EL Olivenöl
750 g Hokkaidokürbis
500 ml passierte Tomaten
275 ml Gemüsebrühe
Salz, Pfeffer oder Cayennepfeffer
½ TL gem. Zimt
400 ml Milch
3 EL Saucenbinder
50 g Rucola oder Blattspinat
12 Lasagneblätter (ca. 200 g)

1. Den Gouda zerschneiden, in den Mixbehälter geben, Messbecher einsetzen und Käse **7 Sekunden/Stufe 8** reiben. In eine Schüssel umfüllen und beiseite stellen.
2. Zwiebeln abziehen und vierteln. Mit dem Olivenöl in den Mixbehälter geben und mit eingesetztem Messbecher **5 Sekunden/Turbo-Taste** zerkleinern. Mit dem Spatel nach unten schieben und offen **4 Minuten/Anbrat-Taste** andünsten.
3. Den Backofen auf 200 °C Ober-/Unterhitze (Umluft 180 °C) vorheizen.
4. Den Kürbis waschen (die Schale wird mitverwendet), die Kerne entfernen, Fruchtfleisch grob zerschneiden und – am besten in zwei Portionen – im Mixbehälter jeweils **4 Sekunden/Stufe 5** (Messbecher!) zerkleinern.
5. Passierte Tomaten und 125 ml Gemüsebrühe dazugeben und Mischung mit Salz, Pfeffer und Zimt würzen. **12 Minuten/90 °C/Stufe 2** zugedeckt schmoren. In eine Schüssel umfüllen. Den Mixbehälter spülen.
6. Milch und restliche Brühe in den Mixbehälter gießen und **7 Minuten/100 °C/Stufe 1** am Gerät einstellen. Sobald die Milch kocht, den Saucenbinder durch die Deckelöffnung dazugeben und Flüssigkeit aufkochen lassen.

7. Die Hälfte vom geriebenen Käse **20 Sekunden/Stufe 4** nach und nach durch die Deckelöffnung einrühren. Den Rucola waschen und trocken schütteln.
8. Lasagneblätter, Kürbis, Rucola und Käsesauce abwechselnd in eine Auflaufform (ca. 25 x 20 cm) schichten. Mit Käsesauce abschließen und den restlichen Käse darüberstreuen.
9. Auflauf im vorgeheizten Backofen auf der mittleren Schiene 30–35 Minuten goldgelb backen. Vor dem Servieren 5–10 Minuten bei abgeschaltetem Backofen ruhen lassen.

Tipp: Nach Belieben können Sie 25 g Pinienkerne oder Sesamsaat in einer beschichteten Pfanne ohne Fett rösten und vor dem Servieren über den Auflauf streuen.

Resteverwertung: Wenn nur wenig Lasagne übrig ist, bereiten Sie im Monsieur Cuisine eine Tomatensuppe zu (oder verdünnen eine Dosensuppe etwas), geben den Lasagnerest dazu und pürieren **5 Sekunden/Stufe 6**. Größere Lasagnereste mit etwas Wasser besprenkeln und mit Alufolie bedeckt im Backofen aufwärmen.

Kartoffeln

Man sollte sie nicht einfrieren, denn nach dem Auftauen sind sie matschig und glasig. Das ist aber auch das einzig Negative, das man über Kartoffeln sagen kann. Die tolle Knolle ist ein richtiger Allrounder in der Küche und immer – besonders im Herbst – günstig zu bekommen. Sie verträgt sich mit jedem Gemüse, ist auch für Ungeübte unproblematisch, macht nicht dick (außer Sie essen fette Saucen dazu), kann gedämpft, gekocht, gebraten und sogar zu Teigen verarbeitet werden.

Im Zuge der Low-Carb-Welle ist die Kartoffel etwas in Verruf geraten, dabei ist ihr Kohlehydratgehalt eher moderat (Teigwaren oder Reis enthalten mehr). Ihre langen Kohlenhydratketten machen außerdem lange satt – sie gelten daher als »gute« Carbs. Kartoffeln enthalten wenig Eiweiß, das dafür aber sehr hochwertig ist, da es vom Organismus leicht in verwertbares Eiweiß umgebaut werden kann. Also ran an die Ackerfrüchte mit den schönen Namen wie Frühgold, Annabelle, Nicola, Linda, Bintje oder Sieglinde.

Möhren-Kartoffel-Gulasch

Für 4 Portionen • Pro Portion: 245 kcal, 6g E, 6g F, 40g KH

1 Zwiebel
2 Knoblauchzehen
1 EL Rapsöl
300 g Möhren
800 g festkochende Kartoffeln
1 große Fleischtomate
1 EL Paprikapulver, rosenscharf oder edelsüß
500 ml Gemüsebrühe
Salz, Pfeffer
Apfelessig
2 EL fein gehackte Petersilie

1. Die Zwiebel abziehen und vierteln. Die Knoblauchzehen schälen. Beides in den Mixbehälter geben und mit eingesetztem Messbecher **5 Sekunden/Turbo-Taste** zerkleinern. Mit dem Spatel nach unten schieben, das Öl dazugeben und Gemüse ohne eingesetzten Messbecher **4 Minuten/Anbrat-Taste** andünsten.
2. Die Möhren schälen, putzen, waschen und in etwa 1 ½ cm dicke Scheiben schneiden. Die Kartoffeln schälen, waschen und in mundgerechte Stücke schneiden. Die Tomate waschen, halbieren, den Stielansatz und die Kerne entfernen und das Fruchtfleisch grob zerschneiden.
3. Tomate, Paprikapulver und 50 g Kartoffeln in den Mixbehälter geben und **5 Sekunden/Stufe 5** zerkleinern (Messbecher!). Mit dem Spatel nach unten schieben und das übrige Gemüse und die Brühe dazugeben. **20–23 Minuten/100 °C/Stufe 2/Linkslauf** abgedeckt (es spritzt!) weich kochen.
4. Mit Salz, Pfeffer und Essig abschmecken, auf 4 Teller verteilen und mit Petersilie bestreut servieren.

Tipp: Alles mit Gulasch im Namen schmeckt aufgewärmt nochmal so gut. Je nachdem für wie viele Personen Sie kochen, bereiten Sie die doppelte oder 1,5-fache Menge zu.

Sauerkrauteintopf mit Paprika und Kartoffeln

Für 4 Portionen • Pro Portion: 168 kcal, 5g E, 6g F, 21g KH

1 Zwiebel
1 kleiner Apfel
1 EL Rapsöl
1 rote Paprikaschote
200 g Staudensellerie
400 g Kartoffeln
500 g Sauerkraut (frisch oder im Päckchen)
1 EL Paprikapulver, rosenscharf oder edelsüß
1 TL Kümmel
5 Wacholderbeeren
2 Lorbeerblätter
500 ml Wasser oder Gemüsebrühe
Salz, Pfeffer
25 ml Apfelessig
2 EL gehackte Petersilie

1. Zwiebel abziehen und vierteln. Apfel waschen, vierteln und das Kerngehäuse entfernen.
2. Zwiebel- und Apfelstücke in den Mixbehälter geben und mit eingesetztem Messbecher **3 Sekunden/Turbo-Taste** zerkleinern. Das Öl dazugeben und Zwiebel-Apfel-Mischung offen **4 Minuten/Anbrat-Taste** andünsten.
3. Paprikaschote und Staudensellerie waschen, putzen und quer in 1 cm breite Streifen schneiden. Die Kartoffeln schälen, waschen und in mundgerechte Stücke schneiden. Das Sauerkraut mit einer Gabel oder mit den Händen zerpflücken.
4. Paprikapulver, Kümmel, Wacholderbeeren, Lorbeerblätter, Sauerkraut und Wasser oder Brühe in den Mixbehälter geben. Kartoffeln, Paprika und Sellerie obenauf legen.

5. Alles **40 Minuten/95 °C/Stufe/Linkslauf** zugedeckt sanft garen lassen, bis das Gemüse weich ist. Lorbeerblätter nach Möglichkeit herausfischen.
6. Eintopf mit Salz, Pfeffer und Apfelessig pikant abschmecken. Auf 4 Teller verteilen und mit Petersilie bestreut servieren.

Tipp: Schinkenwürfel geben dem Gericht ein kräftiges Aroma. Sie können unter Punkt 2 125 g Schinkenwürfel zu den zerkleinerten Zwiebeln geben und das Ganze dann **4 Minuten/120 °C/Stufe 1/Linkslauf** andünsten.
Wer möchte, kann auch 200 g saure Sahne mit etwas Salz glatt rühren und getrennt dazu reichen. Saure Sahne und Sauerkraut sind das Traumpaar der osteuropäischen Küche!

Grünkohl-Kartoffel-Eintopf mit Granatapfelkernen

Für 4 Portionen • Pro Portion: 215 kcal, 7 g E, 8 g F, 28 g KH

200 g frischer oder TK-Grünkohl
1 Stange Lauch
500 g Kartoffeln
1 Zwiebel
2 Knoblauchzehen
1 EL Rapsöl
800 ml Gemüsebrühe
½ Granatapfel
4 Stängel krause Petersilie oder Koriander, nach Belieben
Salz, Pfeffer

1. Den Grünkohl gründlich unter fließendem Wasser waschen. In den gekräuselten Blättern versteckt sich manchmal etwas Erde. Die Mittelrippen entfernen, die Blätter grob zerteilen, in den Mixbehälter geben, den Messbecher einsetzen und Kohl **6 Sekunden/Stufe 5** zerkleinern. In eine Schüssel umfüllen und beiseite stellen. (TK-Grünkohl auftauen lassen und gut ausdrücken. Er muss nicht zerkleinert werden.)
2. Den Lauch putzen, längs aufschlitzen und gründlich waschen, grob in Stücke schneiden. Die Kartoffeln schälen, waschen und grob zerkleinern. Zwiebel abziehen und halbieren. Knoblauchzehen schälen.
3. Zwiebel, Knoblauchzehen und Lauch mit dem Öl in den Mixbehälter geben und mit eingesetztem Messbecher **5 Sekunden/Turbo-Taste** zerkleinern. Mit dem Spatel nach unten schieben und offen **4 Minuten/Anbrat-Taste** andünsten.

4. Brühe und Kartoffeln dazugeben und **10 Minuten/100 °C/Stufe 1/Linkslauf** kochen. Dann den Grünkohl mit dem Spatel einrühren und alles zusammen weitere **15 Minuten/100 °C/Stufe 1/Linkslauf** bissfest garen.
5. In der Zwischenzeit die Granatapfelkerne aus der Schale lösen. Das geht am einfachsten so: Den Granatapfel quer halbieren, eine Hälfte mit der Schnittfläche nach unten in die Hand nehmen und über eine Schüssel halten. Mit einem Kochlöffel erst mit der Breitseite, dann mit der schmalen Seite auf die Schale klopfen. Schon fallen die Kerne heraus!
6. Wenn Sie möchten, Petersilie oder Koriander waschen, trocken schütteln und fein hacken.
7. Eintopf mit Salz und Pfeffer abschmecken, auf Teller verteilen, mit den Granatapfelkernen bestreuen und nach Belieben mit Petersilie oder Koriander garniert servieren.

Info: Grünkohl ist der König unter den Kohlgemüsen. Er hat extra viele Mineralstoffe, Vitamine und Proteine und kann daher zu Recht als Superfood bezeichnet werden. Leider wird unser einheimischer Nährstoffspender oft vernachlässigt und dafür exotische Newcomer bevorzugt.
Grünkohl putzt den Darm, beseitigt Verstopfungen, baut die Darmflora auf, vitalisiert und senkt den Cholesterinspiegel. Er tut der Leber gut und seine Antioxidantien schützen vor Infekten.

Resteverwertung: Restliche Grünkohlblätter oder -rispen sowie übrige Granatapfelkerne können Sie mit 1 Banane und etwas Wasser oder Orangensaft zu einem gesunden Smoothie verarbeiten.

Gnocchi mit Kürbis und Grünkohl

Für 4 Portionen • Pro Portion: 460 kcal, 16 g E, 15 g F, 63 g KH

40 g Parmesan oder Grana Padano
600 g Gnocchi (aus dem Kühlregal)
400 g Hokkaidokürbis
400 g Grünkohl
1 kleine Zwiebel
1 Bio-Orange
1 EL Olivenöl
150 ml Gemüsebrühe
6 Walnusshälften
Salz, Pfeffer

1. Den Parmesan in Stücke brechen, in den Mixbehälter geben, Messbecher einsetzen und Käse **8 Sekunden/Stufe 8** reiben. In eine Schüssel umfüllen und beiseite stellen.
2. Die Gnocchi aus der Packung nehmen und in den flachen Dampfgaraufsatz legen.
3. Die Kürbisschale reinigen (sie wird mitverwendet), die Kerne entfernen und das Fruchtfleisch in etwa 1 ½ cm große Würfel schneiden. In den tiefen Dampfgaraufsatz geben.
4. Den Grünkohl gründlich waschen, die harten Mittelrippen entfernen und die Blätter grob zerschneiden. Die Zwiebel abziehen und vierteln. Die Orange heiß waschen, 2 EL Schale abraspeln und beiseite stellen. Die Frucht auspressen.
5. Zwiebel und Olivenöl in den Mixbehälter geben und mit eingesetztem Messbecher **5 Sekunden/Turbo-Taste** zerkleinern. Mit dem Spatel nach unten schieben und ohne Messbecher **4 Minuten/Anbrat-Taste** andünsten.
6. Grünkohl, Brühe und Orangensaft dazugeben,die Dampfgaraufsätze aufsetzen und das Ganze **25 Minuten/100 °C/Stufe 1 Linkslauf** garen.
7. In der Zwischenzeit die Walnusshälften grob hacken und in einer beschichteten Pfanne ohne Fett rösten.
8. Dampfgaraufsätze abnehmen. Den Grünkohl (wenn Ihnen die verbliebene Flüssigkeit zu viel erscheint) durch ein Sieb abgießen und in eine Schüssel geben. Gnocchi, Kürbiswürfel und Orangenschalen dazugeben und vermischen. Mit Salz und Pfeffer abschmecken und mit Walnusshälften und Parmesan bestreut servieren.

Tipp: Ein gut passendes Aroma dazu: Vanille! ½ Vanilleschote längs aufschlitzen, das Mark herausschaben und zusammen mit dem Grünkohl in den Mixbehälter geben.

Kartoffeleintopf mit Blumenkohl und Möhren

W

Für 4 Portionen • Pro Portion: 253 kcal, 11 g E, 11 g F, 27 g KH

1 Zwiebel
1 EL Rapsöl
400 g Blumenkohl oder Brokkoli
500 g mehligkochende Kartoffeln
200 g Möhren
800 ml Gemüsebrühe
75 g alter Gouda oder Maasdamer
Salz, Pfeffer
geriebene Muskatnuss
einige Petersilienblätter nach Belieben

1. Die Zwiebel abziehen und vierteln. Mit dem Öl in den Mixbehälter geben, Messbecher einsetzen und Zwiebel **5 Sekunden/Turbo-Taste** zerkleinern. Mit dem Spatel nach unten schieben und offen **4 Minuten /Anbrat-Taste** andünsten.
2. Den Blumenkohl waschen, putzen, einige Röschen abschneiden und in den tiefen Dampfgaraufsatz legen. Den Rest grob zerhacken. Die Kartoffeln schälen, waschen und grob zerschneiden. Die Möhren schälen, waschen, in Scheiben schneiden und in den flachen Dampfgaraufsatz legen.
3. Gehackten Blumenkohl und Kartoffeln in den Mixbehälter geben, die Brühe angießen, die Dampfgaraufsätze aufsetzen und Gemüse **20 Minuten/100 °C/Stufe 1** weich kochen. Die Dampfgaraufsätze abnehmen und beiseite stellen.
4. Käse klein würfeln, zur Suppe geben und **3 Minuten/100 °C/Stufe 1** schmelzen lassen. Anschließend alles **30 Sekunden/Stufe 5–7** pürieren (Messbecher!).
5. Eintopf mit Salz, Pfeffer und Muskatnuss abschmecken. Möhren und Blumenkohlröschen aus den Dampfgaraufsätzen auf 4 Teller verteilen, mit dem Eintopf begießen und nach Belieben mit Petersilie bestreut servieren.

Tipp: Hübsch und gesund: Bestreuen Sie die Suppe einfach mit gerösteten Sonnenblumen- oder Kürbiskernen.

Resteverwertung: Übrige Suppe können Sie mit etwas Wasser erhitzen, geraspelten Käse einrühren und das Ganze als Sauce zu gekochten Kartoffeln oder Nudeln reichen.

Kartoffel-Bärlauch-Creme mit Räucherlachs

Für 4 Portionen • Pro Portion: 311 kcal, 7 g E, 20 g F, 26 g KH

150 g Bärlauch
400 g mehligkochende Kartoffeln
4 Frühlingszwiebeln
2 EL Rapsöl
800 ml Gemüsebrühe
150 g saure Sahne
Salz, Pfeffer
100 g Räucherlachs

1. Den Bärlauch waschen, verlesen und die harten Stängel abschneiden. Blätter mit Küchenkrepp trocken tupfen und grob hacken.
2. Die Kartoffeln schälen, waschen und grob zerschneiden. Die Frühlingszwiebeln putzen, waschen und mit viel Grün grob hacken.
3. Frühlingszwiebeln und Öl in den Mixbehälter geben, Messbecher einsetzen und Zwiebeln **5 Sekunden/Turbo-Taste** zerkleinern. Mit dem Spatel nach unten schieben und ohne Messbecher **3 Minuten/120 °C/Stufe 1** andünsten.
4. Bärlauch und Kartoffeln dazugeben und **3 Sekunden/Stufe 5** zerkleinern (Messbecher!). Mit dem Spatel nach unten schieben und alles zusammen noch **3 Minuten/120 °C/Stufe 2** dünsten.
5. Die Brühe angießen und die Suppe **17 Minuten/100 °C/Stufe 2** zugedeckt kochen lassen, bis die Kartoffeln weich sind.
6. 100 g saure Sahne dazugeben und die Suppe **25 Sekunden/Stufe 6** (grob) oder **40 Sekunden/Stufe 8** (fein) pürieren.
7. Mit Salz und Pfeffer abschmecken, auf 4 Teller verteilen, den Lachs zu Tütchen drehen und jeweils in die Mitte setzen. Die übrige saure Sahne mit einem Löffel auf der Suppe verteilen.

Resteverwertung: Reste – ohne Räucherlachs – erhitzen. Saure Sahne in einer kleinen Schüssel mit 1–2 EL Stärkemehl verrühren, dazugeben und einmal aufkochen lassen. Ergibt eine prima Sauce, zum Beispiel zu Minutensteaks.

Wildkräutersuppe mit Ei

Für 4 Portionen • Pro Portion: 291 kcal, 11 g E, 23 g F, 9 g KH

75 g Wildkräuter (z. B. Giersch, Löwenzahn, Brennnesseln oder Schafgarbe)
50 g glatte Petersilie
200 g junger Spinat
1 große Zwiebel
30 g Butter
800 ml Gemüsebrühe
100 ml Sahne
Salz, Pfeffer
geriebene Muskatnuss nach Belieben
4 hart gekochte Eier
4 EL Joghurt

1. Kräuter, Petersilie und Spinat waschen, verlesen und dabei harte Stängel entfernen. Die Zwiebel abziehen und vierteln.
2. Zwiebel und Petersilie in den Mixbehälter geben und mit eingesetztem Messbecher **5 Sekunden/Turbo-Taste** zerkleinern. Mit dem Spatel nach unten schieben, die Butter dazugeben und offen **4 Minuten/Anbrat-Taste** andünsten.
3. Kräuter, Spinat und Brühe in den Mixbehälter geben und **12 Minuten/100 °C/Stufe 1** kochen. Anschließend alles **20 Sekunden/Stufe 5–7** ansteigend nicht zu fein pürieren.
4. Die Sahne **5 Sekunden/Stufe 3** (Messbecher!) einrühren und die Suppe mit Salz, Pfeffer und – nach Belieben – Muskatnuss abschmecken.
5. Die Eier pellen und halbieren. Joghurt glatt rühren. Die Suppe auf 4 Teller verteilen, die Eihälften hineinlegen und Suppe mit Joghurt beträufelt servieren.

Info: Wildkräuter sind nicht auf allen Märkten erhältlich. In vielen Gegenden werden aber Kräuterwanderungen angeboten, bei denen man alles über das Sammeln und Verwenden von Wildkräutern erfahren kann. Es ist erstaunlich, wie viel Essbares unscheinbar am Wegesrand steht.

Kartoffel-Kohlrabi-Eintopf mit Radieschen

F

Für 4 Portionen • Pro Portion: 237 kcal, 10 g E, 7 g F, 32 g KH

2 kleine junge Kohlrabi (etwa 500 g)
1 weiße Zwiebel
2 Knoblauchzehen
1 EL Rapsöl
500 g neue Kartoffeln
670 ml Wasser
400 ml Sojamilch
Salz, Pfeffer
geriebene Muskatnuss
2 Stängel glatte Petersilie
1 Kästchen dunkle oder normale Gartenkresse
8 Radieschen

1. Die Kohlrabi schälen, putzen und grob zerschneiden. Zwiebel abziehen und vierteln. Die Knoblauchzehen schälen.
2. Zwiebel und Knoblauch mit dem Öl in den Mixbehälter geben, Messbecher einsetzen und Gemüse **5 Sekunden/Turbo-Taste** zerkleinern. Mit dem Spatel nach unten schieben und ohne Messbecher **4 Minuten/Anbrat-Taste** andünsten.
3. Die Kartoffeln nach Belieben schälen oder sauber bürsten, vierteln und in den tiefen Dampfgaraufsatz legen.
4. Kohlrabi in den Mixbehälter geben und **8 Sekunden/Stufe 6** zerkleinern (Messbecher!). Das Wasser angießen, Dampfgaraufsatz aufsetzen und alles **18 Minuten/100 °C/Stufe 2** garen.
5. Dampfgaraufsatz abnehmen, Sojamilch zur Kohlrabisuppe gießen und Suppe **30 Sekunden/Stufe 8** fein pürieren. Mit Salz, Pfeffer und Muskatnuss abschmecken. Die Kartoffeln aus dem Dampfgaraufsatz dazugeben und **5–7 Minuten/90 °C/Stufe 2/Linkslauf** fertig garen.

6. In der Zwischenzeit die Petersilie und Kresse waschen, trocken schütteln und die Blätter von den Stängeln zupfen bzw. schneiden. Die Radieschen waschen, putzen und in feine Stifte oder Scheiben schneiden.
7. Kartoffel-Kohlrabi-Eintopf auf 4 Teller anrichten und mit Petersilie, Kresse und Radieschen bestreut servieren.

Kartoffeltorte mit Babyspinat und Zucchini

Für 4 Portionen • Pro Portion: 393 kcal, 20 g E, 14 g F, 44 g KH

100 g Käse (z. B. mittelalter Gouda oder Emmentaler)
1 kg mehligkochende Kartoffeln
400 g Zucchini
150 g junger Spinat
1 l Wasser
1 TL Salz + etwas zum Würzen
150 ml Milch
75 ml saure Sahne
2 Eier, Größe M
2 TL getr. Majoran
Pfeffer
etwas Fett für die Form
schwarzer Pfeffer aus der Mühle

1. Den Käse in Stücke schneiden, in den Mixbehälter geben und mit eingesetztem Messbecher **8 Sekunden/Stufe 8** reiben. In eine Schüssel umfüllen. Eventuell am Messer klebende Käsereste 1–2-mal mit der Turbo-Taste lösen.
2. Kartoffeln schälen, waschen und vierteln oder halbieren. In den Kocheinsatz geben. Zucchini waschen, putzen und in ½ cm dicke Scheiben schneiden. In den tiefen Dampfgaraufsatz legen. Spinat waschen, verlesen und auf die Zucchini legen.
3. Wasser und Salz in den Mixbehälter füllen, Kocheinsatz einhängen, Dampfgaraufsatz aufsetzen und alles **30 Minuten/Dampfgar-Taste** weich dämpfen.
4. Den Backofen auf 180 °C Ober-/Unterhitze (Umluft 160 °C) vorheizen. Dampfgaraufsatz abnehmen und beiseite stellen. Mixbehälter ausleeren. Kartoffeln mit Milch, saurer Sahne, der Hälfte vom Käse, Eiern und Majoran in den Mixbehälter geben und **8 Sekunden/Stufe 3** verrühren. Mit Salz und Pfeffer abschmecken.
5. Eine Springform dünn einfetten und die Hälfte der Kartoffelmasse einfüllen. Nach Belieben einige Zucchinischeiben und Spinatblätter zum Garnieren beiseite legen. Restliche Zucchini und Spinat auf die Kartoffelmasse legen und die übrige Kartoffelmasse darauf verstreichen. Den restlichen Käse darüberbröseln. Torte mit Zucchinischeiben und Spinatblättern belegen und 30 Minuten im Ofen backen, bis der Käse geschmolzen ist.
6. 5 Minuten bei abgeschaltetem Ofen ruhen lassen und mit Pfeffer aus der Mühle bestreut servieren.

Resteverwertung: Wenn genügend übrig ist für 1–2 Portionen, können Sie diese einfach in Alufolie gewickelt 20 Minuten im Backofen bei 200 °C erhitzen. Geringe Reste mit Gemüsebrühe im Mixbehälter aufkochen und pürieren. Nach Belieben noch 50 g Spinatblätter oder 100 g Zucchinischeiben in der Suppe erwärmen.

Mangold-Kartoffel-Auflauf

Für 4 Portionen • Pro Portion: 465 kcal, 19 g E, 25 g F, 38 g KH

800 g festkochende Kartoffeln
400 g Mangold
1 l Wasser
Salz
1 weiße Zwiebel
10 g Butter
150 ml Sahne
75 g Frischkäse
4 Eier, Größe M
Salz, Pfeffer
200 g Cocktailtomaten
etwas Fett für die Form

1. Die Kartoffeln schälen, waschen, in Scheiben oder Würfel schneiden und in den Kocheinsatz geben. Den Mangold waschen, putzen, längs halbieren und in den flachen Dampfgaraufsatz legen.
2. Wasser und Salz in den Mixbehälter füllen, Kocheinsatz einhängen und Kartoffeln **10 Minuten/Dampfgar-Taste** dämpfen. Dampfgaraufsatz aufsetzen und alles zusammen weitere **15 Minuten/Dampfgar-Taste** weich garen. Dampfgaraufsatz und Kocheinsatz beiseite stellen, Mixbehälter ausleeren und abtrocknen.
3. Backofen auf 180 °C Ober-/Unterhitze (Umluft 160 °C) vorheizen. Die Zwiebel abziehen und vierteln. In den Mixbehälter geben und mit eingesetztem Messbecher **5 Sekunden/Turbo-Taste** zerkleinern. Mit dem Spatel nach unten schieben, die Butter dazugeben und offen **4 Minuten/Anbrat-Taste** andünsten.
4. Sahne, Frischkäse, Eier, Salz und Pfeffer dazugeben und **25 Sekunden/Stufe 3** verrühren. Die Tomaten waschen, abtropfen lassen und halbieren.

5. Kartoffeln und Mangold abwechselnd in eine leicht gefettete Form (ca. 20–25 cm) schichten, mit der Eiermasse begießen und mit den Tomaten belegen.
6. Auflauf 25 Minuten im vorgeheizten Backofen stocken lassen, bis die Oberfläche schön goldgelb ist.

Tipp: Dazu schmeckt ein frischer grüner Salat. Sie können den Auflauf aber auch lauwarm oder kalt als Vorspeise oder – in Quadrate geschnitten – als Fingerfood reichen.

Sommer-Tortilla mit Tomaten und Paprika

Für 4 Portionen • Pro Portion: 323 kcal, 14 g E, 15 g F, 32 g KH

600 g festkochende Kartoffeln
1 l Wasser
Salz
6 Stängel krause oder glatte Petersilie
1 rote Paprikaschote
1 rote Peperonischote, nach Belieben
250 g kleine Tomaten
5 Eier, Größe M
75 ml Milch
Salz, Pfeffer
2 EL Olivenöl

1. Die Kartoffeln schälen, waschen, in ca. ½ cm dicke Scheiben schneiden und in den Kocheinsatz geben. Wasser und Salz in den Mixbehälter füllen, Kocheinsatz einhängen und **20–25 Minuten/Dampfgar-Taste** dämpfen.
2. Kurz vor Ende der Dämpfzeit den Backofen auf 180 °C Ober-/Unterhitze (Umluft 160 °C) vorheizen. Die Petersilie waschen und mit Küchenkrepp trocken tupfen. Die Blättchen von den Stängeln zupfen. Die Paprikaschote waschen, putzen und grob zerschneiden. Die Peperonischote, falls verwendet, längs aufschlitzen, Samen und Trennhäutchen (dort sitzt die meiste Schärfe) entfernen und das Fruchtfleisch klein schneiden. Die Tomaten waschen und halbieren.
3. Kocheinsatz beiseite stellen und den Mixbehälter ausleeren. ⅔ der Petersilie, Paprika- und Peperonistücke, Tomaten, Eier und Milch in den Mixbehälter geben und **10 Sekunden/Stufe 3** vermischen. Mit Salz und Pfeffer würzen.

4. Eine ofenfeste Form (zum Beispiel eine Quicheform mit ca. 28 cm Durchmesser) mit Öl auspinseln, die Eier-Gemüse-Mischung hineingießen und die Kartoffeln mit dem Spatel unterheben.

5. Auflauf im vorgeheizten Backofen auf der mittleren Schiene in 25 Minuten stocken lassen. Das Eigemisch soll sehr fest werden. Mit der restlichen Petersilie bestreuen und heiß, lauwarm oder kalt servieren.

Tipp: Stilecht würde die Tortilla gewendet werden. Dazu einen großen Teller umgekehrt auf die Backform legen und das Ganze umdrehen, sodass die Tortilla mit der glatten Seiten nach oben serviert werden kann. Vorsicht, sehr heiß! Gute Küchenhandschuhe oder Topflappen verwenden!

Vichyssoise – Kalte Kartoffelsuppe Ⓢ ❄

Für 4 Portionen • Pro Portion: 302 kcal, 7 g E, 17 g F, 30 g KH

500 g festkochende Kartoffeln
1 Stange Lauch (ca. 400 g)
1 Knoblauchzehe
½ rote Peperonischote, nach Belieben
20 g Butter
1 l Gemüsebrühe
150 ml Schmand (20 % Fett)
Salz, Pfeffer
1–2 EL Zitronensaft
2 EL Schnittlauch in Röllchen

1. Die Kartoffeln schälen, waschen und in Stücke schneiden. Den Lauch putzen, längs aufschlitzen und gründlich waschen. Den weißen Teil in Stücke schneiden. (Das Lauchgrün zum Beispiel für eine Gemüsebrühe aufbewahren.) Den Knoblauch schälen. Die Peperonischote, falls verwendet, längs aufschlitzen und die Samen und Trennhäutchen entfernen.
2. Lauch und Knoblauchzehe in den Mixbehälter geben, den Messbecher einsetzen und Gemüse **5 Sekunden/Turbo-Taste** zerkleinern. Mit dem Spatel nach unten schieben, die Butter dazugeben und offen **3 Minuten/100 °C/Stufe 1** andünsten.
3. Kartoffeln, eventuell die Peperonischote und die Brühe in den Topf geben und alles **18–20 Minuten/100 °C/Stufe 1** zugedeckt garen, bis das Gemüse weich ist. Die Peperonischote herausfischen.
4. Die Suppe **45 Sekunden/Stufe 6–8** ansteigend sehr fein pürieren. In eine Schüssel umfüllen und im Kühlschrank erkalten lassen.
5. Vor dem Servieren den Schmand einrühren, mit Salz, Pfeffer und Zitronensaft abschmecken. Auf 4 Teller verteilen und mit Schnittlauch bestreut servieren.

Info: Was nach französischem Luxus klingt, ist einfach eine kalte Kartoffelsuppe, die Sie natürlich auch mit hochwertigen Zutaten verfeinern können. Zum Beispiel mit fein gehobeltem Trüffel oder Trüffelöl. Im Alltag sind Croûtons, geröstete Kürbiskerne oder Kürbiskernöl eine willkommene Abwechslung.

Gnocchi mit Tomatensauce

Für 4 Portionen • Pro Portion: 282 kcal, 7 g E, 5 g F, 51 g KH

500 g Gnocchi (aus dem Kühlregal)
1 kleine Zwiebel
1 EL Olivenöl
2 Dosen gehackte Tomaten (à ca. 400 g Einwaage)
100 ml Wasser
Salz, Pfeffer
Balsamico-Essig

1. Die Gnocchi aus der Packung nehmen und im tiefen und flachen Dampfgaraufsatz verteilen.
2. Die Zwiebel abziehen und vierteln. Mit dem Öl in den Mixbehälter geben, Messbecher einsetzen und Zwiebel **5 Sekunden/Turbo-Taste** zerkleinern. Mit dem Spatel nach unten schieben und offen **4 Minuten/Anbrat-Taste** andünsten.
3. Tomaten und Wasser dazugeben, Dampfgaraufsätze aufsetzen und alles **15 Minuten/Dampfgar-Taste** garen.
4. Dampfgaraufsätze abnehmen und die Tomatensauce mit Salz, Pfeffer und Balsamico-Essig abschmecken.
5. Die Gnocchi dazugeben und **6 Sekunden/Stufe 2/Linkslauf** unterrühren. Auf 4 Teller verteilen und gleich servieren.

VARIANTEN:

1. 125 g gewürfelten Rohschinken (aus dem Kühlregal) gleich zusammen mit der Zwiebel **4 Minuten/Anbrat-Taste** andünsten.
2. 50 g schwarze Oliven (ohne Stein) nach dem Dünsten der Zwiebel in den Mixbehälter geben und **3 Sekunden/Stufe 4** zerkleinern.
3. Das Ganze mit zuvor geriebenen 80 g Grana Padano oder Parmesan bestreuen.
4. Pro Teller drei kleine Mozzarellabällchen auf die Gnocchi legen.

Kartoffelteig für Knödel, Gnocchi oder Nudeln

(H)

Für 6 Portionen • Pro Portion: 202 kcal, 4 g E, 1 g F, 43 g KH

800 g mehligkochende Kartoffeln
1 l Wasser
2 TL Salz
150 g Kartoffelstärkemehl
30 g feiner Grieß
1 Ei, Größe M
Pfeffer

1. Die Kartoffeln schälen, waschen, in Stücke schneiden und in den Kocheinsatz geben.
2. Wasser mit 1 TL Salz in den Mixbehälter füllen, Kocheinsatz einhängen und Kartoffeln **25 Minuten/Dampfgar-Taste** weich dämpfen. Herausnehmen und auskühlen lassen. (Am besten kochen Sie die Kartoffeln schon am Vortag und holen sie erst kurz vor der weiteren Verarbeitung aus dem Kühlschrank.)
3. Kartoffeln durch eine Kartoffelpresse drücken und mit Stärkemehl, Grieß, Ei, dem restlichen TL Salz und Pfeffer mit der Hand zu einem recht festen Teig verkneten (eventuell noch etwas Mehl zufügen).
4. Aus der Masse Knödeln, Nudeln oder Gnocchi formen und im Dampfgaraufsatz dämpfen.

Kartoffelpizza

Für 6 Portionen (1 Blech) • Pro Portion: 520 kcal, 23 g E, 15 g F, 73 g KH

1 kg mehligkochende Kartoffeln
1,2 l Wasser
Salz
1 Würfel frische Hefe
330 g Mehl (Type 405 oder 550)
2 EL Olivenöl
2 Dosen gehackte Tomaten (à 400 g Einwaage)
Salz, Pfeffer aus der Mühle
200 g Gouda oder Edamer in Scheiben
3 Stängel Basilikum oder Thymian

1. Die Kartoffeln schälen und waschen. Die Hälfte in ½ cm dicke Scheiben schneiden und im flachen Dampfgaraufsatz verteilen. Die übrigen grob zerschneiden und in den Kocheinsatz legen.
2. 1 l Wasser und Salz in den Mixbehälter füllen, Kocheinsatz einhängen, Dampfgaraufsatz aufsetzen und Kartoffeln **30 Minuten/Dampfgar-Taste** weich dämpfen.
3. Dampfgaraufsatz abnehmen und beiseite stellen. Kocheinsatz herausnehmen, Mixbehälter ausleeren. Er muss nicht gespült werden.
4. Die restlichen 200 ml Wasser in den Mixbehälter gießen, die Hefe hineinbröseln und **20 Sekunden/37 °C/Stufe 2** auflösen. Kartoffeln aus dem Kocheinsatz dazugeben und **7 Sekunden/Stufe 4** zerkleinern. Mehl und Olivenöl dazugeben und **2 Minuten/Teigknet-Taste** zu einem geschmeidigen Teig verarbeiten.
5. Den Teig an einem warmen Ort zugedeckt ca. 20 Minuten gehen lassen.
6. Währenddessen Backofen auf 180 °C Ober-/Unterhitze (Umluft 160 °C) vorheizen.
7. Teig auf einem Backpapier in Backblechgröße ausrollen und mit dem Papier auf das Backblech ziehen.
8. Teig im Ofen 15 Minuten vorbacken. Mit den Dosentomaten bestreichen und mit Salz und Pfeffer würzen.
9. Die Kartoffelscheiben auflegen. Käse in Rechtecke oder Quadrate schneiden und auf den Kartoffeln verteilen. Pizza weitere 15 Minuten im Ofen backen, bis der Käse geschmolzen ist.
10. In der Zwischenzeit Basilikum oder Thymian waschen, mit Küchenkrepp trocken tupfen, die Blätter von den Stängeln zupfen. Fertige Pizza mit Basilikum oder Thymian bestreut servieren.

Kartoffelknödel-Auflauf

Für 6 Portionen • Pro Portion: 628 kcal, 24 g E, 25 g F, 75 g KH

120 g mittelalter Gouda oder Bergkäse
8 Kartoffelknödel (aus dem Kühlregal)
2 Zwiebeln
1 Zweig Rosmarin
(ersatzweise 1 TL getrockneter Rosmarin)
2 EL Rapsöl
125 g Schinkenwürfel
400 g Zucchini
400 g braune Champignons
500 ml Gemüsebrühe
1 große Fleischtomate
200 ml Sahne
Salz, Pfeffer

1. Den Gouda zerschneiden, in den Mixbehälter geben, Messbecher einsetzen und Käse **7 Sekunden/Stufe 8** reiben. In eine Schüssel umfüllen.
2. Pergamentpapier zurechtschneiden und den tiefen Dampfgaraufsatz damit auslegen. Kartoffelknödel aus der Packung nehmen und darauflegen.
3. Zwiebeln abziehen und vierteln. Rosmarin waschen, trocken schütteln und die Nadeln abstreifen. Zwiebel, die Hälfte der Rosmarinnadeln und Öl in den Mixbehälter geben, Messbecher einsetzen und alles **5 Sekunden/Turbo-Taste** zerkleinern. Mit dem Spatel nach unten schieben, die Schinkenwürfel dazugeben und ohne eingesetzten Messbecher **5 Minuten/Anbrat-Taste** andünsten.
4. Zucchini waschen, putzen und grob zerschneiden. Champignons mit Küchenkrepp abreiben und halbieren. Beides in den Mixbehälter geben und **2 Sekunden/Stufe 4** zerkleinern.
5. Die Gemüsebrühe angießen, Dampfgaraufsatz aufsetzen und das Ganze **24 Minuten/100 °C/Stufe 2/Linkslauf** garen.
6. In der Zwischenzeit die Tomate waschen, halbieren und Stielansätze und Kerne entfernen. Das Fruchtfleisch in kleine Würfel schneiden. Den Backofen auf 200 °C Ober-/Unterhitze (Umluft 180 °C) vorheizen.
7. Den Dampfgaraufsatz abnehmen und beiseite stellen. Tomatenwürfel in die Sauce geben, die Sahne angießen und mit Salz und Pfeffer abschmecken.
8. Die Knödel in eine Auflaufform legen, mit Sauce begießen und den geriebenen Käse und die restlichen Rosmarinnadeln obenauf geben. Im vorgeheizten Backofen 15–20 Minuten backen, bis der Käse geschmolzen ist.

Resteverwertung: Schneiden Sie übrige Knödel in etwa 1 cm dicke Scheiben und verdünnen die restliche Sauce mit etwas Brühe. Dann lässt sich das Gericht gut in einer beschichteten Pfanne erwärmen.

Tipp: Kartoffelteig für Knödel oder Nudeln können Sie ganz einfach selbst machen (siehe S. 99).

Mohnnudeln mit Apfel-Quitten-Kompott

Für 4 Portionen • Pro Portion: 506 kcal, 12 g E, 17 g F, 74 KH

1 Quitte (ca. 250 g)
250 g säuerliche Äpfel
1 l Wasser + 50 ml
50 g Zucker
½ Päckchen Vanillezucker
2 Packungen Schupfnudeln (à 500 g)
1 TL Salz
50 g Butter
100 g geriebener Mohn
100 g Puderzucker

1. Für das Kompott den Pelz der Quitte mit Küchenkrepp abreiben. Äpfel und Quitte waschen, vierteln, Kerngehäuse entfernen und schälen.
2. Obst mit 50 ml Wasser, Zucker und Vanillezucker in den Mixbehälter geben und in **15 Minuten/100 °C/Stufe 2** weich kochen.
3. Dann **5 Sekunden (grob) oder 25 Sekunden (fein)/Stufe 6** mit eingesetztem Messbecher pürieren. Entweder warm halten oder abkühlen lassen.
4. Schupfnudeln aus der Packung nehmen und im tiefen und flachen Dampfgaraufsatz verteilen. 1 l Wasser mit Salz in den gesäuberten Mixbehälter füllen, Dampfgaraufsätze aufsetzen und die Nudeln **20 Minuten/ Dampfgar-Taste** dämpfen.
5. Die Dampfgaraufsätze beiseite stellen, Mixbehälter ausleeren und abtrocknen.
6. Butter in den Mixbehälter geben und **1 Minute/100 °C/Stufe 1** schmelzen. Mohn und 50 g Puderzucker dazugeben und **3 Minuten/100 °C/ Stufe 1** andünsten.
7. Schupfnudeln auf 4 Teller verteilen, mit Mohnsauce beträufeln und mit dem restlichen Puderzucker bestreut servieren. Wer das Kompott ganz warm dazu reichen möchte, muss es noch ein bisschen erwärmen.

Tipp: Wer Mohn nicht mag, kann dieses süße Hauptgericht auch mit geriebenen Haselnüssen, Mandeln oder Walnüssen zubereiten.

Wenn Sie keine Quitten bekommen oder es schnell gehen soll, reichen Sie doch einfach etwas Obstjoghurt dazu: 250 ml Joghurt mit 2 EL Fruchtsirup verrühren und nach Belieben Beerenobst, Minze, Sonnenblumenkerne oder Nüsse darüberstreuen.

Reis und Getreide

Länglich oder spitz, rund, oval, winzig kleine und größere Kügelchen – alle machen supersatt, sind voller gesunder Stoffe und können je nach Jahreszeit mit beliebigem Gemüse und auch Obst kombiniert werden.

Wenn Sie Dinkel bisher nur aus der Bäckerei in Form von Dinkelbrot kennen: Ganze Körner gibt es in Bioläden und Reformhäusern, manchmal auch in gut sortierten Supermärkten. 1 Kilogramm davon kostet – sogar in Demeter-Qualität – unter 4 Euro und reicht als Hauptgericht für 13 Portionen. Dinkel ist ein Urahn unseres Weizens und gilt als verträgliche Alternative zu diesem.

Auch die etwas in Vergessenheit geratene Hirse kommt mittlerweile wieder in die Töpfe. Sie enthält viele Mineralstoffe, besonders Magnesium, Eisen und Silicium. Knochen, Haut, Haare und Nägel freuen sich, wenn sie durch regelmäßige Hirseportionen Stärkung und Unterstützung bekommen. Und das zu einem Preis von unter 3 Euro pro Kilogramm.

Graupen sind die geschälten und polierten Körner der Gerste. Sie waren schon immer ein wichtiger Bestandteil der preiswerten ländlichen Küche. Mittlerweile sind sie wieder salonfähig und schwimmen nicht nur in Eintöpfen obenauf. Für ein Päckchen Perlgraupen (250 Gramm) zahlen Sie zwischen 49 und 79 Cent.

Buchweizen sieht aus und schmeckt wie Getreide, ist aber eigentlich ein Knöterichgewächs. Als Bioprodukt verwendet, enthält er essenzielle Aminosäuren, zudem Kalium, Magnesium, Eisen und Selen. Lezithin gibt es noch obendrauf, darüber freut sich die Leber. 500 Gramm Buchweizen kosten in Bioqualität etwa 1,95 Euro.

Die sogenannten Pseudogetreide (Quinoa, Amaranth, Buchweizen) sind besonders eiweißhaltig, haben wenig Kalorien und sind glutenfrei.

Quinoa ist in rot, weiß und schwarz erhältlich. Die perlweißen Körner sind eher mild, die roten nussig und kerniger, die schwarzen intensiv im Geschmack und bissfest.

Die winzigen Amaranth-Körnchen ähneln der Senfsaat. Mit vielen Mineralstoffen und essenziellen Proteinen, Ballaststoffen und ungesättigten Fettsäuren verspricht Amaranth ein dickes Gesundheitsplus. Quinoa und Amaranth bekommen Sie mittlerweile fast überall zwischen 2,25 und 3,95 Euro pro 500 Gramm.

Buchweizensuppe mit Petersilienwurzel und Möhren

Für 4 Portionen • Pro Portion: 356 kcal, 11 g E, 10 g F, 54 g KH

200 g Buchweizen
1 große Zwiebel
500 g Möhren
500 g Petersilienwurzel
2 EL Olivenöl
1 l Gemüsebrühe
1–2 EL weißer Essig
Salz, Pfeffer

2 EL Schnittlauch in Röllchen

1. Buchweizen in ein Sieb geben, heiß abbrausen und gut abtropfen lassen.
2. Zwiebel abziehen und vierteln. Möhren und Petersilienwurzel putzen, schälen, waschen und würfeln.
3. Zwiebel und Öl in den Mixbehälter geben, Messbecher einsetzen und Zwiebel **5 Sekunden/Turbo-Taste** zerkleinern. Mit dem Spatel nach unten schieben und offen **4 Minuten/Anbrat-Taste** andünsten. Buchweizen dazugeben und weitere **3 Minuten/100 °C/Stufe 1/Linkslauf** dünsten.
4. Brühe und Gemüse dazugeben und **15 Minuten/100 °C/Stufe 1/Linkslauf** kochen.
5. Suppe mit Essig, Salz und Pfeffer abschmecken, auf 4 Teller verteilen und mit dem Schnittlauch bestreut servieren.

Resteverwertung: Die Suppe einfach »strecken«, indem Sie sie mit Gemüsebrühe und geraspelten Kartoffeln kurz kochen lassen, bis die Kartoffeln weich sind. Leicht püriert können Reste auch als Dip für Wiener Würstchen eingesetzt werden.

Rote-Bete-Risotto

Für 4 Portionen • Pro Portion: 448 kcal, 12 g E, 16 g F, 63 g KH

40 g Parmesan oder Grana Padano
1 Zwiebel
250 g frische Rote Bete
1 EL Olivenöl
300 g Risottoreis (z. B. Arborio, Vialone)
725 ml Gemüsebrühe oder Gemüsefond
Salz, Pfeffer
40 g Butter
2 EL gehackte Petersilie

1. Parmesan in den Mixbehälter geben, den Messbecher einsetzen und Käse **8 Sekunden/Stufe 8** reiben. In eine kleine Schüssel umfüllen und beiseite stellen.
2. Zwiebel abziehen und vierteln. Rote Bete schälen (am besten mit Einmalhandschuhen wegen des roten Farbstoffs) und grob in Stücke schneiden. Etwa 100 g davon in Würfel schneiden und in den Dampfgaraufsatz legen.
3. Zwiebel in den Mixbehälter geben und mit eingesetztem Messbecher **3 Sekunden/Turbo-Taste** zerkleinern. Mit dem Spatel nach unten schieben und den Vorgang wiederholen. Das Öl dazugießen und offen **3 Minuten/Anbrat-Taste** andünsten.
4. Die Rote Bete einfüllen und **4 Sekunden/Stufe 5** zerkleinern. (Messbecher!) Den Reis dazugeben und das Ganze **3 Minuten/100 °C/Stufe 2/ Linkslauf** andünsten.
5. 100 ml Brühe angießen und Reis **1 Minute/100 °C/Stufe 1/Linkslauf** quellen lassen. Die restliche Brühe dazugießen, den Dampfgaraufsatz aufsetzen und alles **14 Minuten/Dampfgar-Taste** garen.
6. Anschließend 1 Minute quellen lassen. Dampfgaraufsatz abnehmen und beiseite stellen. Risotto mit Salz und Pfeffer abschmecken. Die Butter und den Parmesan dazugeben, mit dem Spatel unterrühren und **10 Sekunden/Stufe 2/Linkslauf** vermischen.
7. Risotto auf 4 Teller verteilen, die Rote-Bete-Würfel daraufgeben und mit Petersilie bestreut servieren.

Tipp: Die Würfel der Roten Bete kann man auch in 1 EL Olivenöl in einer beschichteten Pfanne unter ständigem Rühren knusprig braten.

Info: Damit ein Risotto schön cremig wird, braucht man den richtigen Reis. Denn mit Milchreis, körnigem Basmati oder Paellareis wird das nichts. Die am häufigsten verwendeten Sorten kommen alle aus der Po-Ebene: Arborio, Carnaroli und Vialone. Alle drei brauchen etwa 15 Minuten Garzeit, verkleben nicht und bleiben trotz ihrer Cremigkeit »al dente«. Beim Discounter bekommen Sie Risottoreis ab ca. 4 Euro/Kilo – Sie sind mit etwa 0,30 Euro/Portion also auf jeden Fall auf der preiswerten Seite.

Quinoa-Porridge mit Trockenfrüchten und Kürbis

Für 4 Portionen • Pro Portion: 473 kcal, 14g E, 21g F, 56g KH

300g helle Quinoa
½ Vanilleschote oder ½ Päckchen Vanillezucker
500ml Wasser
½TL gem. Zimt
50g Rosinen oder Korinthen
100g Hokkaido- oder Butternusskürbis
75g ungeschälte, ganze Mandeln
30g Butter
Zucker oder Honig, nach Belieben

1. Die Quinoa in ein Sieb geben und unter fließendem Wasser kalt abbrausen. Die Vanilleschote längs aufschlitzen und das Mark herauskratzen.
2. Wasser in den Mixbehälter gießen und in **6 Minuten/100 °C/Stufe 1** zum Kochen bringen. Quinoa, Vanillemark und -schote, Zimt und Rosinen dazugeben und **15 Minuten/75 °C/Stufe 1/Linkslauf** quellen lassen, bis nahezu alle Flüssigkeit aufgesogen ist.
3. In der Zwischenzeit die Kürbisschale mit einem feuchten Tuch gründlich abreiben. (Hokkaido wird mit Schale verwendet. Butternusskürbis mit einem Kartoffelschäler dünn abschälen – die Schale kann zwar gegessen werden, braucht aber lange, um weich zu werden.) Kürbiskerne entfernen und Fruchtfleisch in etwa ½ cm große Würfel schneiden. Die Mandeln grob hacken.
4. Butter in einer beschichteten Pfanne erhitzen und Kürbiswürfel und Mandeln unter Rühren 4–5 Minuten anbraten.
5. Kürbisgemisch **5 Sekunden/Stufe 3/Linkslauf** unter die Quinoa rühren und nach Belieben mit Zucker oder Honig abschmecken.

Info: Porridge (engl. Haferbrei) kommt ursprünglich aus Schottland. Dort wurde er morgens, mittags und abends gelöffelt. Bei uns hat sich Porridge als das neue Müsli etabliert, kann aber durchaus auch als süßes Hauptgericht auf den Tisch kommen. Wie zum Beispiel auch der Amaranth-Porridge von Seite 121.

Tipp: Je nach Vorliebe können alle möglichen Trockenfrüchte verwendet werden. Datteln, Feigen oder Aprikosen werden in Streifen geschnitten und kommen – wie die Rosinen – gleich mit der Quinoa in den Mixbehälter.

Resteverwertung: Kalten Porridge einfach in Joghurt einrühren oder mit Milch verdünnen – fertig ist ein Frühstücksmüsli.

Sauerkraut mit Hirse

Für 4 Portionen • Pro Portion: 231 kcal, 7 g E, 6 g F, 36 g KH

150 g Hirse
1 Zwiebel
150 g Möhren
1 kleiner Kohlrabi
1 EL Rapsöl
800 ml Gemüsebrühe
300 g Sauerkraut, frisch vom Markt
1 TL Kümmel
1 große Fleischtomate
2 Stängel Petersilie
Salz, Pfeffer

1. Die Hirse in ein Sieb geben, kalt abbrausen und zum Abtropfen beiseite stellen.
2. Die Zwiebel abziehen und vierteln. Möhren und Kohlrabi schälen, putzen und in Stücke schneiden.
3. Zwiebel mit dem Öl in den Mixbehälter geben, den Messbecher einsetzen und Zwiebel **4 Sekunden/Turbo-Taste** zerkleinern. Anschließend ohne eingesetzten Messbecher **4 Minuten/Anbrat-Taste** andünsten.
4. Möhren und Kohlrabi dazugeben und **3 Sekunden/Stufe 6** zerkleinern (Messbecher!).
5. Hirse und Brühe in den Mixbehälter geben und zugedeckt **10 Minuten/100 °C/Stufe 1/Linkslauf** garen.
6. Das Sauerkraut mit einer Gabel zerpflücken und mit dem Kümmel in den Mixbehälter geben. Weitere **10 Minuten/85 °C/Stufe 1/Linkslauf** bei milder Hitze fertig garen.
7. In der Zwischenzeit die Tomate waschen, halbieren und Stielansätze und Kerne entfernen. Das Fruchtfleisch klein würfeln. Die Petersilie waschen, trocken schütteln, die Blätter von den Stängeln zupfen und hacken.
8. Hirseeintopf mit Salz und Pfeffer abschmecken, auf 4 Teller verteilen, die Tomatenwürfel obenauf geben und mit Petersilie bestreut servieren.

Info: Sauerkraut mit seiner probiotischen Wirkung ist seit Jahrhunderten ein Superkraftstoff für Gesundheit und Energie. Damit Sie wirklich die volle Kraft des Krauts abbekommen, sollten Sie statt pasteurisierten Sauerkrauts – wie es in Dosen und Beuteln angeboten wird – frisches, naturbelassenes Sauerkraut, das auf Wochenmärkten nicht wesentlich mehr kostet, zubereiten.

Resteverwertung: Wenn etwas vom Eintopf übrig ist: mit Brühe verdünnen, 1–2 Kartoffeln schälen, waschen, würfeln, in Salzwasser garen und dazugeben.

Spinat-Bärlauch-Risotto

Ⓕ

Für 4 Portionen • Pro Portion: 422 kcal, 9g E, 15g F, 62g KH

40g Parmesan oder Grana Padano
50g Bärlauch
50g junger Spinat
1 kleine Zwiebel
40g Butter
300g Risottoreis (z. B. Arborio, Vialone)
750ml Gemüsebrühe
2 Stängel glatte Petersilie, nach Belieben
Salz, Pfeffer

1. Den Parmesan in Stücken in den Mixbehälter geben und mit eingesetztem Messbecher **8 Sekunden/Stufe 8** reiben. In eine Schüssel umfüllen.
2. Bärlauch und Spinat waschen, verlesen, gut abtropfen lassen und grob hacken. In den Mixbehälter geben und mitilfe des Spatels **6 Sekunden/Stufe 5** zerkleinern. Gemüse in eine Schüssel umfüllen. Den Mixbehälter nicht reinigen.
3. Die Zwiebel abziehen, vierteln und in den Mixbehälter geben. Messbecher einsetzen und Zwiebel **5 Sekunden/Turbo-Taste** zerkleinern. Mit dem Spatel nach unten schieben, 15g Butter dazugeben und Zwiebel ohne eingesetzten Messbecher **4 Minuten/100 °C/Stufe 1** andünsten.
4. Reis und Gemüsebrühe in den Mixbehälter geben und **11 Minuten/100 °C/Stufe 2/Linkslauf** garen. Spinat und Bärlauch mit dem Spatel unterheben und alles weitere **5 Minuten/100 °C/Stufe 2/Linkslauf** fertig kochen.
5. Die Petersilie, falls verwendet, waschen, trocken schütteln, die Blätter von den Stängeln zupfen und fein hacken.
6. Den Parmesan und die restliche Butter **10 Sekunden/Stufe 3/Linkslauf** unter den Reis mischen und Risotto 1 Minute quellen lassen. Mit Salz und Pfeffer abschmecken, auf 4 tiefe Teller oder Suppenschüsseln verteilen und mit Petersilie bestreut servieren.

Resteverwertung: Wie wäre es mal mit einer Reissuppe? Entsprechend der Restemenge Gemüsebrühe aufkochen, Risottoreste hineingeben und sanft köcheln lassen, bis der Reis ganz weich ist. Mit etwas Zitronensaft abschmecken.

Reistorte mit Frühlingszwiebeln

Für 4 Portionen • Pro Portion: 436 kcal, 12 g E, 16 g F, 50 g KH

250 g Rundkornreis
1 TL Salz + etwas zum Würzen
1,5 l Wasser
75 g Bergkäse oder alter Gouda
1 Bund Frühlingszwiebeln
4 Stängel frische Minze
2 EL Rapsöl
3 Eier, Größe M
200 g Quark oder Frischkäse (20 % Fett)
Pfeffer
etwas Fett für die Form

1. Den Reis in den Kocheinsatz geben und unter fließendem kalten Wasser abbrausen. Salz und Wasser in den Mixbehälter füllen, Kocheinsatz einhängen und den Reis **30–35 Minuten/100 °C/Stufe 1** kochen. Kocheinsatz herausnehmen und beiseite stellen. Den Mixbehälter ausleeren und abtrocknen.
2. Den Backofen auf 180 °C Ober-/Unterhitze (Umluft 160 °C) vorheizen.
3. Den Käse in Stücke schneiden, in den Mixbehälter geben, Messbecher einsetzen und Käse **8 Sekunden/Stufe 8** reiben. In eine kleine Schüssel umfüllen.
4. Die Frühlingszwiebeln putzen, waschen und mit viel Grün grob hacken. Die Minze waschen, trocken schütteln, die Blätter von den Stängeln zupfen und mit Küchenkrepp trocken tupfen.
5. Frühlingszwiebeln, Minze und Öl in den Mixbehälter geben und **5 Sekunden/Turbo-Taste** (Messbecher!) zerkleinern. Dann ohne eingesetzten Messbecher **4 Minuten/Anbrat-Taste** andünsten.
6. Eier, Quark und den Reis dazugeben und **10 Sekunden/Stufe 3/Linkslauf** vermischen. Mit Salz und Pfeffer abschmecken.

7. Eine Springform (ca. 27 cm Durchmesser) dünn einfetten, die Masse einfüllen und glatt streichen. Mit dem geriebenen Käse gleichmäßig bestreuen.
8. Reistorte im vorgeheizten Backofen auf der mittleren Schiene 45–50 Minuten backen. Anschließend bei abgeschaltetem Backofen 5 Minuten ruhen lassen.

Resteverwertung: Entweder können Sie Reste mit etwas Wasser besprenkeln und mit Alufolie bedeckt im Backofen aufwärmen oder Sie schneiden die Tortenreste in Scheiben und braten sie in etwas Öl in einer beschichteten Pfanne an. In beiden Fällen passt Salat gut dazu.

Risotto mit grünem Spargel

Für 4 Portionen • Pro Portion: 456 kcal, 11 g E, 17 g F, 64 g KH

40 g Parmesan oder Grana Padano
500 g grüner Spargel
3 Frühlingszwiebeln
2 Knoblauchzehen
1 EL Olivenöl
800 ml Gemüsebrühe
300 g Risottoreis (z. B. Vialone, Arborio)
30 g Butter
Salz, Pfeffer

1. Parmesan in grobe Stücke brechen, in den Mixbehälter geben, Messbecher einsetzen und Käse **8 Sekunden/Stufe 8** reiben. In eine kleine Schüssel umfüllen.
2. Spargel waschen, im unteren Drittel schälen und die holzigen Enden abschneiden. Köpfchen abschneiden und in den flachen Dampfgaraufsatz legen. Die restlichen Stangen in 1 cm lange Rollen schneiden.
3. Die Frühlingszwiebeln putzen, waschen und grob zerschneiden. Die Knoblauchzehen schälen. Beides in den Mixbehälter geben und mit eingesetztem Messbecher **5 Sekunden/Turbo-Taste** zerkleinern. Mit dem Spatel nach unten schieben, das Olivenöl dazugießen und Gemüse ohne eingesetzten Messbecher **4 Minuten/Anbrat-Taste** andünsten.
4. Die Gemüsebrühe angießen und den Dampfgaraufsatz aufsetzen. Spargelköpfchen **15 Minuten/Dampfgar-Taste** dämpfen. Dampfgaraufsatz beiseite stellen.
5. Den Reis in ein Sieb geben und mit kaltem Wasser abbrausen. Zusammen mit den Spargelröllchen in den Mixbehälter füllen, den Dampfgaraufsatz wieder aufsetzen und das Ganze **16 Minuten/100 °C/Stufe/2 Linkslauf** garen.
6. Den Dampfgaraufsatz abnehmen und beiseite stellen. Die Butter in Stücken und den geriebenen Parmesan zum Reis geben und **5 Sekunden/Stufe 3/Linkslauf** unterheben und Risotto 1 Minute quellen lassen.
7. Mit Salz und Pfeffer abschmecken, auf 4 Teller verteilen und mit den Spargelköpfchen garniert servieren.

Resteverwertung: 1 oder 2 Portionen Risottoreste können, mit etwas Brühe oder Wasser verdünnt, aufgewärmt als Beilage zu gekochtem grünen Spargel gereicht werden.

Milchreis mit Erdbeersauce

Ⓕ ❄

Für 4 Portionen • Pro Portion: 515 kcal, 13 g E, 10 g F, 90 g KH

750 g Erdbeeren
½ Zitrone
1 Päckchen Vanillezucker
4 EL Sirup (z. B. Holunderblütensirup)
225 g Rundkornreis
1 l Milch
50 g Zucker
1 Prise Salz

1. Erdbeeren behutsam waschen, putzen und vierteln. Schöne Früchte (etwa ⅓) zum Garnieren beiseite legen. Die Zitronenhälfte waschen und 1 EL Schale fein abreiben. Den Saft auspressen.
2. Erdbeeren, Zitronenschale und -saft, Vanillezucker und Sirup in den Mixbehälter geben, Messbecher einsetzen und alles **25 Sekunden/Stufe 6** pürieren. In eine Schüssel oder einen Krug umfüllen und kalt stellen. Den Mixbehälter spülen.
3. Den Reis in ein Sieb geben und unter fließendem kalten Wasser abbrausen.
4. Milch, Zucker und Salz in den Mixbehälter geben, den Rühraufsatz einsetzen und Milch in **8 Minuten/100 °C/Stufe 1** zum Kochen bringen. Den Reis dazugeben und offen **30–35 Minuten/90 °C/Stufe 1/Linkslauf** garen. Anschließend zugedeckt 10 Minuten ausquellen lassen.
5. Den heißen Milchreis auf 4 Teller verteilen, mit kalter Sauce begießen und mit den ganzen Erdbeeren garniert servieren.

Tipp: Gut schmeckt der Milchreis mit Zimt und etwas zerlassener Butter.

Resteverwertung: Den Milchreich mit Resten der Fruchtsauce (beides gut gekühlt oder 1–2 Stunden gefroren) leicht pürieren – ergibt Eiscreme.

Amaranth-Porridge

Für 4 Portionen • Pro Portion: 516 kcal, 19 g E, 19 g F, 65 g KH

250 g Amaranth
750 ml Milch
1 Prise Salz
1 TL gem. Zimt
200 g Heidelbeeren
100 g Physalis (Kapstachelbeeren)
2 Bananen
50 g Walnusskerne oder Haselnüsse

1. Amaranth in ein Sieb geben, heiß abbrausen und gut abtropfen lassen.
2. Zusammen mit der Milch, Salz und Zimt in den Mixbehälter geben und in **6–7 Minuten/100 °C/Stufe 1** zugedeckt zum Kochen bringen. Anschließend **20–25 Minuten/80 °C/Stufe 1/Linkslauf** zugedeckt köcheln lassen, bis nahezu alle Flüssigkeit aufgesogen ist. Dann 10 Minuten offen ausdampfen lassen.
3. In der Zwischenzeit die Heidelbeeren behutsam waschen, verlesen und die Stiele entfernen. Die Physalis aus ihren papierenen Hüllen schälen und halbieren oder vierteln. Die Bananen schälen und in Scheiben schneiden.
4. Die Walnüsse hacken und in einer beschichteten Pfanne ohne Fett rösten.
5. Den Porridge auf 4 Schüsseln verteilen, das Obst obenauf geben und mit den Nüssen bestreut servieren.

Info: Physalis finden Sie besonders im Herbst oft als Sonderangebot. Die säuerlichen Beeren sind sehr vitaminreich. Sie können sie aber auch durch heimisches Obst ersetzen.

Resteverwertung: Porridgereste vom Vortag können Sie am nächsten Morgen – eventuell mit zusätzlichem Obst – mit Joghurt vermischt als Frühstücksbrei essen.

Sellerie-Risotto

Für 4 Portionen • Pro Portion: 459 kcal, 12 g E, 17 g F, 63 g KH

40 g Parmesan oder Grana Padano
300 g Staudensellerie
1 rote Spitzpaprikaschote
1 Zwiebel
1–2 Knoblauchzehen
1 EL Rapsöl
300 g Risottoreis (z. B. Vialone, Arborio)
750 ml Gemüsebrühe
1 Döschen Safran, nach Belieben
30 g Butter
Salz, Pfeffer

1. Den Parmesan in Stücke brechen, in den Mixbehälter geben, Messbecher einsetzen und Käse **8 Sekunden/Stufe 8** reiben. In eine Schüssel umfüllen und beiseite stellen.
2. Die Selleriestängel – wenn nötig – dünn abschälen, putzen, waschen und grob in Stücke schneiden. Das Selleriegrün waschen, trocken tupfen, grob hacken und für die Garnitur aufbewahren. Die Paprikaschote waschen, putzen und zerkleinern. Die Zwiebel abziehen und vierteln. Den Knoblauch schälen.
3. Zwiebel und Knoblauch in den Mixbehälter geben, Messbecher einsetzen und Gemüse **5 Sekunden/Turbo-Taste** zerkleinern. Mit dem Spatel nach unten schieben, das Öl dazugießen und offen **4 Minuten/Anbrat-Taste** andünsten.
4. Die Sellerie- und Paprikastücke einfüllen und **4 Sekunden/Stufe 5** zerkleinern. Den gewaschenen Reis dazugeben und das Ganze **3 Minuten/100 °C/Stufe 1/Linkslauf** andünsten.
5. Die Brühe dazugießen, nach Belieben mit Safran würzen, Kocheinsatz als Spritzschutz aufsetzen und **12 Minuten/100 °C/Stufe 1/Linkslauf** garen.

6. Butter und geriebenen Parmesan **5 Sekunden/Stufe 3** unterheben und den Reis noch 1 Minute im Topf quellen lassen. Mit Salz und Pfeffer abschmecken.
7. Risotto auf 4 Teller verteilen und mit dem Selleriegrün garniert servieren.

Resteverwertung: Soll Risotto nur aufgewärmt werden, machen Sie das am besten im Monsieur Cuisine. Reste in den Kocheinsatz geben, 500 ml Wasser in den Mixbehälter gießen und 30 Minuten/Dampfgar-Taste erhitzen.

Dinkel-»Risotto« mit grünen Bohnen und Rucola

Für 4 Portionen • Pro Portion: 511 kcal, 23g E, 21g F, 57g KH

60g Parmesan oder Grana Padano
1 große Gemüsezwiebel
2 Knoblauchzehen
125g Rucola
2 EL Rapsöl
500g Stangenbohnen
300g Dinkelkörner
800ml Gemüsebrühe
25g Pinienkerne
Salz, Pfeffer
1–2 EL Zitronensaft

1. Den Parmesan in Stücke brechen, in den Mixbehälter geben, Messbecher einsetzen und Käse **8 Sekunden/Stufe 8** reiben. In eine kleine Schüssel umfüllen.
2. Die Zwiebel abziehen und vierteln. Die Knoblauchzehen schälen. Rucola waschen, gut trocken schleudern und grob zerschneiden. Alles in den Mixbehälter geben, Messbecher einsetzen und Gemüse **7 Sekunden/Stufe 5** zerkleinern. Mit dem Spatel nach unten schieben, das Öl dazugeben und alles ohne eingesetzten Messbecher **4 Minuten/Anbrat-Taste** andünsten.
3. In der Zwischenzeit die Bohnen waschen, putzen und in etwa 3cm lange Stücke schneiden. In den tiefen Dampfgaraufsatz geben.
4. Dinkel in ein Sieb schütten und gründlich mit heißem Wasser abbrausen. Zusammen mit der Gemüsebrühe in den Mixbehälter geben und **15 Minuten/120°C/Stufe 1/Linkslauf** stark aufkochen lassen.
5. Den Dampfgaraufsatz aufsetzen und alles zusammen noch **30 Minuten/100°C/Stufe 1** kochen, bis die Bohnen weich und der Dinkel bissfest ist.
6. Währenddessen die Pinienkerne in einer beschichteten Pfanne ohne Fett rösten.

7. Den Dampfgaraufsatz abnehmen und beiseite stellen. Den Parmesan mit dem Spatel unter den Dinkel heben und schmelzen lassen. Mit Salz, Pfeffer und Zitronensaft abschmecken.
8. Die Bohnen dazugeben und **10 Sekunden/Stufe 2/Linkslauf** untermischen. Auf 4 Teller verteilen und mit den Pinienkernen bestreut servieren.

Resteverwertung: Mit zusätzlichen Bohnen, Kartoffeln und Gemüsebrühe – nach Belieben auch noch etwas Sahne – wird aus einem Risottorest ein leckerer Eintopf.

Sommerlicher Reissalat

S

Für 4 Portionen • Pro Portion: 460 kcal, 26 g E, 20 g F, 44 g KH

200 g Vollkornreis
1 l Wasser
1 TL Salz
400 g kleine Rispentomaten
4 hartgekochte Eier
2 Dosen Thunfisch naturell (Einwaage ca. 120 g)
5 Stängel glatte Petersilie
50 ml weißer Balsamessig
50 ml Olivenöl
Salz, Pfeffer

1. Den Reis in den Kocheinsatz geben und mit kaltem Wasser abbrausen. Wasser und Salz in den Mixbehälter füllen, Kocheinsatz einhängen und das Ganze **25–30 Minuten/100 °C/Stufe 1** garen.
2. Die Rispentomaten waschen und vierteln. Die Eier pellen und halbieren. Den Thunfisch in ein Sieb geben und abtropfen lassen. Mit einer Gabel etwas zerpflücken. Die Petersilie waschen, trocken schütteln und die Blätter von den Stängeln zupfen.
3. Den Kocheinsatz herausnehmen und den Reis in eine geräumige Schüssel füllen. Den Mixbehälter ausleeren.
4. ⅓ der Tomaten, Eier, Thunfisch, Petersilie, Essig, Olivenöl, Salz und Pfeffer in den Mixbehälter geben, Messbecher einsetzen und alles **2 Sekunden/Turbo-Taste** zerkleinern. Mit dem Reis vermischen und 15 Minuten durchziehen lassen. Nochmals mit Salz und Pfeffer abschmecken und lauwarm oder kalt mit den restlichen Tomaten belegt servieren.

Tipp: Gut zu den Tomaten passt Schwarzkümmel. Sie bekommen ihn in türkischen, aber auch in gut sortierten Supermärkten, und können ihn zum Beispiel auch in Gemüsesuppen verwenden.

Buchweizensalat mit Paprika

Für 4 Portionen • Pro Portion: 346 kcal, 7g E, 15g F, 44g KH

200g Buchweizen
500ml Gemüsebrühe
2 rote Paprikaschoten
2 rote Zwiebeln
5 Stängel glatte Petersilie
50ml Apfelessig
50ml Rapsöl
Salz, Pfeffer
etwas Zitronensaft

1. Buchweizen in einem Sieb heiß abbrausen und mit der Gemüsebrühe in den Mixbehälter geben. In **6 Minuten/100°C/Stufe 1** aufkochen lassen, dann **15 Minuten/75°C/Stufe 1/Linkslauf** bissfest garen.
2. Durch ein Sieb abgießen, zum Abkühlen mit kaltem Wasser abbrausen und abtropfen lassen. Dann in eine Schüssel füllen.
3. Die Paprikaschoten waschen, putzen und grob zerschneiden. Die Zwiebeln abziehen und vierteln. Die Petersilie waschen, trocken schütteln und die Blätter von den Stängeln zupfen.
4. Paprika, Zwiebeln, Petersilie, Essig, Öl, Salz und Pfeffer in den (ungespülten) Mixbehälter geben und mit eingesetztem Messbecher **3 Sekunden/Turbo-Taste** zerkleinern. Mit dem Buchweizen vermischen und 15 Minuten durchziehen lassen.
5. Salat mit Salz, Pfeffer und Zitronensaft pikant abschmecken und auf 4 Teller verteilen.

Graupen-Kürbis-»Risotto«

Für 4 Portionen • Pro Portion: 308 kcal, 8 g E, 7 g F, 52 g KH

500 g Hokkaidokürbis
1 Zwiebel
1–2 Knoblauchzehen
1 EL Rapsöl
250 g Graupen (am besten Perlgraupen)
600 ml Gemüsebrühe
geriebene Muskatnuss
15 g Butter
Salz, Pfeffer
50 g geriebener Parmesan, nach Belieben

1. Den Kürbis waschen (die Schale wird mitverwendet), putzen, entkernen und grob in Stücke schneiden. Die Zwiebel abziehen und vierteln. Den Knoblauch schälen.
2. Kürbis in den Mixbehälter geben und mit eingesetztem Messbecher **4 Sekunden/Turbo-Taste** zerkleinern. In eine Schüssel umfüllen.
3. Zwiebel und Knoblauch in den Mixbehälter geben, den Messbecher einsetzen und Gemüse **5 Sekunden/Turbo-Taste** zerkleinern. Mit dem Spatel nach unten schieben, das Öl dazugießen und Gemüse ohne eingesetzten Messbecher **4 Minuten/Anbrat-Taste** andünsten.
4. Die Graupen in ein Sieb geben, mit lauwarmen Wasser abbrausen und in den Mixbehälter geben. **3 Minuten/100 °C/Stufe 1/Linkslauf** andünsten. Mit 150 ml Brühe ablöschen und **3 Minuten/100 °C/Stufe 2/Linkslauf** vorgaren.
5. Die restliche Brühe und den Kürbis dazugeben, mit Muskat würzen, den Messbecher einsetzen und alles **15 Minuten/100 °C/Stufe 1/Linkslauf** garen, bis nahezu alle Flüssigkeit aufgesogen ist.
6. Die Butter mit dem Spatel unterheben und die Graupen noch 1 Minute im Mixbehälter quellen lassen. Mit Salz und Pfeffer abschmecken.
7. Auf 4 Teller verteilen und nach Belieben geriebenen Parmesan dazu reichen.

Tipp: Statt Parmesan können Sie auch mal geriebene Mandeln oder Haselnüsse zum Bestreuen verwenden. Das Nussige passt gut zu Kürbis und Graupen, außerdem sind Nüsse oder Mandeln preiswerter als Käse.

Resteverwertung: Da Graupen immer gut für Suppen und Eintöpfe sind, kann aus dem Rest mit etwas Brühe, mehr Kürbis oder auch mit Möhren – gerne auch mit Wursteinlage – schnell ein Potpourri gezaubert werden.

Quinoasalat mit Roter Bete und Orangen

H

Für 4 Portionen • Pro Portion: 516 kcal, 14 g E, 27 g F, 54 g KH

250 g helle Quinoa
400 ml Wasser oder Gemüsebrühe
1 Zitrone
40 ml Olivenöl
Salz, Pfeffer
40 g Walnusshälften
2 Orangen
250 g Rote Bete (vorgekocht und eingeschweißt)
100 g Schafskäse
40 g Rucola oder Petersilienblätter

1. Die Quinoa in ein Sieb geben und unter fließendem Wasser heiß abbrausen.
2. Wasser oder Gemüsebrühe in den Mixbehälter füllen und in **6 Minuten/100 °C/Stufe 1** zum Kochen bringen. Quinoa hineingeben und **15 Minuten/75 °C/Stufe 1/Linkslauf** quellen lassen, bis nahezu alle Flüssigkeit aufgesogen ist.
3. Die Zitrone auspressen. Zitronensaft, Öl, Salz und Pfeffer zur Quinoa geben und **5 Sekunden/Stufe 2/Linkslauf** vermischen und im Mixbehälter durchziehen lassen.
4. Die Walnusshälften in einer beschichteten Pfanne ohne Fett rösten, bis sie duften.
5. Die Orangen schälen und möglichst viel von der weißen Haut entfernen. In Spalten teilen. (Geübte können die Spalten mit einem kleinen, scharfen Messer aus den Trennhäutchen lösen.) Die Roten Beten in Scheiben oder Spalten schneiden.
6. Die Quinoa nochmals mit Salz und Pfeffer abschmecken, auf 4 Teller verteilen und mit Orangenspalten, Walnüssen und Roter Bete belegen. Den Schafskäse darüberbröseln.
7. Rucola waschen, mit Küchenkrepp trocken tupfen und den Salat damit garnieren.

Tipp: Kochen Sie gleich größere Mengen der Quinoa. Das Pseudogetreide ist eine schöne Abwechslung im Frühstücksmüsli, kann als Suppeneinlage verwendet werden oder – kurz in einer beschichteten Pfanne gebraten – als Beilage. Sie lässt sich gut einfrieren, kann aber auch 2–3 Tage in einem gut verschließbaren Gefäß im Kühlschrank aufbewahrt werden. Die Kochzeit und Flüssigkeitszugabe muss je nach Menge erhöht werden.

Hülsenfrüchte

Hülsenfrüchte sind gesund, zählen zu den Trägern »guter« Kohlenhydrate, senken Blutzuckerspiegel und Cholesterinspiegel und enthalten viel Eiweiß, was gerade für Vegetarier und Veganer bedeutsam ist.

Bohnen, Linsen, Erbsen und Kichererbsen bekommt man für kleines Geld und in guter – bisweilen Bio- – Qualität getrocknet oder in Dosen in jedem Supermarkt und Discounter.

Am günstigsten ist es, getrocknete Hülsenfrüchte zu kaufen. Meist müssen diese jedoch über Nacht eingeweicht und dann 1–2 Stunden gekocht werden. Wenn Sie oft Bohnen oder Kichererbsen auf die Teller bringen wollen, lohnt es sich, in einem großen Topf 1 Kilogramm getrocknete Früchte vorzukochen und portionsweise einzufrieren. Bohnen und Kichererbsen aus Dosen sparen viel Zeit, sind ebenso gut und auch preiswert zu bekommen. Am günstigsten sind die einfachen weißen Bohnen – aber auch bei Kidneybohnen oder ausgefalleneren Sorten wie Cannellinibohnen oder Riesenbohnen müssen Sie nicht allzu tief in die Tasche greifen.

Grüne oder gelbe Schälerbsen und Linsen müssen Sie nicht einweichen. Sie haben auch kürzere Kochzeiten – insbesondere die roten oder gelben Exemplare.

Linsensuppe mit Tofu

Für 4 Portionen • Pro Portion: 341 kcal, 23 g E, 17 g F, 27 g KH

200 g Möhren
150 g Kartoffeln
200 g Tellerlinsen
1 l Gemüsebrühe
2 Lorbeerblätter
4 Stängel krause Petersilie
200 g Räuchertofu
2 EL Rapsöl
schwarzer Pfeffer aus der Mühle
Salz, Pfeffer

1. Die Möhren schälen, putzen, waschen und würfeln. Die Kartoffeln schälen, waschen und ebenfalls würfeln. Alternativ: Das Gemüse grob zerschneiden und mit eingesetztem Messbecher **3 Sekunden/Stufe 4** im Mixbehälter zerkleinern. Die Linsen in ein Sieb geben und lauwarm abbrausen.
2. Gemüse, Linsen, Brühe und Lorbeerblätter in den Mixbehälter geben und **30 Minuten/100 °C/Stufe 1/Linkslauf** garen.
3. Die Petersilie waschen, trocken schütteln und die Blättchen von den Stängeln zupfen.
4. Den Tofu in 1 cm dicke Scheiben schneiden. Das Öl in einer beschichteten Pfanne erhitzen und die Tofuscheiben darin knusprig braten. Mit Pfeffer aus der Mühle würzen.
5. Die Linsensuppe mit Salz und Pfeffer abschmecken und die Lorbeerblätter entfernen.
6. Die Suppe auf 4 Teller verteilen, den Tofu in die Mitte setzen und mit der Petersilie bestreut servieren.

Kichererbsen-Maronen-Eintopf

Für 4 Portionen • Pro Portion: 342 kcal, 10 g E, 19 g F, 33 g KH

1 Zwiebel
2 Knoblauchzehen
150 g Staudensellerie
2 EL Olivenöl
2 EL Tomatenmark
2 Stängel Rosmarin
400 g Tomaten
700 ml Gemüsebrühe
1 Dose oder Glas Kichererbsen (ca. 250 g Einwaage)
200 g Maronen (vorgekocht und vakuumiert)
200 g braune oder weiße Champignons

1. Zwiebel abziehen und vierteln. Knoblauchzehen schälen. Staudensellerie waschen, putzen und grob in Stücke schneiden.
2. Zwiebel, Knoblauch und Sellerie in den Mixbehälter geben, Messbecher einsetzen und Gemüse **6 Sekunden/Turbo-Taste** zerkleinern. Mit dem Spatel nach unten schieben, 1 EL Öl dazugeben und offen **4 Minuten/Anbrat-Taste** andünsten. Das Tomatenmark zufügen und weitere **2 Minuten/Anbrat-Taste** dünsten.
3. Den Rosmarin waschen und trocken schütteln. Einige Büschel zum Garnieren beiseite legen.
4. Die Tomaten waschen, halbieren und Stielansätze und Kerne entfernen. Fruchtfleisch grob zerschneiden und mit der Gemüsebrühe und dem Rosmarinzweig in den Mixbehälter geben. **15 Minuten/100 °C/Stufe 2/Linkslauf** kochen lassen.
5. Die Kichererbsen durch ein Sieb abgießen und abbrausen. Die Maronen aus der Packung nehmen und halbieren oder vierteln.
6. Kichererbsen und Maronen in den Mixbehälter geben und alles zusammen **10 Minuten/95 °C/Stufe 2/Linkslauf** fertig kochen.

7. Die Champignons mit Küchenkrepp säubern und in etwa 1 cm große Würfel schneiden. Im restlichen Öl in einer beschichteten Pfanne glasig braten und auf 4 Teller verteilen.
8. Den Rosmarinzweig aus dem Mixbehälter fischen. Eintopf mit Salz und Pfeffer abschmecken und über die Pilze schöpfen. Mit Rosmarinbüscheln garniert servieren.

Tipp: Wenn Sie frische Maronen verwenden wollen, brauchen Sie etwa 250 g. Diese werden an der flachen Seite kreuzweise mit einem scharfen Messer eingeritzt. In den Mixbehälter geben, mit Salzwasser bedecken und **20–25 Minuten/100 °C/Stufe 1/Linkslauf** garen. Abgießen, abkühlen lassen und schälen.
Kichererbsen müssen nicht unbedingt aus der Dose oder dem Glas kommen: Weichen Sie 150 g Kichererbsen über Nacht in kaltem Wasser ein, gießen Sie sie durch ein Sieb ab und geben Sie sie mit 500 ml Wasser in den Mixbehälter. Etwa **1–1 ¼ Stunden bei 95 °C/Stufe 1/Linkslauf** weich kochen.

Rote Linsen mit Mais und Möhren

Für 4 Portionen • Pro Portion: 275 kcal, 14 g E, 10 g F, 31 g KH

1 Zwiebel
1–2 Knoblauchzehen
300 g Tomaten
1 EL Rapsöl
150 g rote Linsen
1 TL Kurkuma
1 l Gemüsebrühe
1 Dose Mais (ca. 280 g Abtropfgewicht)
Salz, Pfeffer
2 EL Schnittlauch in Röllchen oder gehackte Petersilie

1. Die Zwiebel abziehen und vierteln. Die Knoblauchzehen schälen. Die Tomaten waschen, vierteln und die Stielansätze herausschneiden.
2. Zwiebel und Knoblauch in den Mixbehälter geben, Messbecher einsetzen und Gemüse **5 Sekunden/Turbo-Taste** zerkleinern. Das Rapsöl dazugeben und Gemüse ohne eingesetzten Messbecher **4 Minuten/Anbrat-Taste** andünsten.
3. ¾ der Tomaten, Linsen, Kurkuma und Brühe in den Mixbehälter geben, Kocheinsatz als Spritzschutz aufsetzen und das Ganze **15 Minuten/100 °C/Stufe 1/Linkslauf** kochen, bis die Linsen weich sind.
4. Die restlichen Tomaten in schmale Streifen schneiden. Mais und Tomaten in die Suppe geben und **3 Minuten/100 °C/Stufe 1/Linkslauf** erhitzen.
5. Mit Salz und Pfeffer abschmecken, auf 4 Teller verteilen und mit Schnittlauch oder Petersilie bestreut servieren.

Resteverwertung: Reste können Sie einfach mit Brühe verdünnen. Nach Belieben pürieren und 1 kleine Dose Mais oder Tofuwürstchen dazugeben.

Bohnen mit jungem Gemüse

Für 4 Portionen • Pro Portion: 237 kcal, 11 g E, 7 g F, 32 g KH

1 Zwiebel
1 EL Rapsöl
300 g grüne Bohnen
300 g junge Kartoffeln
1 rote Paprikaschote
500 ml Gemüsebrühe
1 Dose passierte Tomaten (ca. 400 g Einwaage)
200 g Fleischtomaten
1 Dose Kidneybohnen oder weiße Bohnen (ca. 280 g Einwaage)

1. Die Zwiebel abziehen und vierteln. In den Mixbehälter geben, Messbecher einsetzen und Zwiebel **4 Sekunden/Turbo-Taste** zerkleinern. Mit dem Spatel nach unten schieben, Öl dazugeben und offen **4 Minuten/Anbrat-Taste** andünsten.
2. Die Bohnen putzen, waschen und in 5 cm lange Stücke schneiden. Die Kartoffeln schälen, waschen und in etwa 1 ½ cm große Würfel schneiden. Die Paprikaschote waschen, putzen und grob zerschneiden.
3. Die Paprikaschote in den Mixbehälter geben und **3 Sekunden/Turbo-Taste** zerkleinern (Messbecher!). Bohnen, Kartoffeln, Brühe und passierte Tomaten dazugeben, den Kocheinsatz als Spritzschutz aufsetzen und das Ganze **20 Minuten/100 °C/Stufe 1/Linkslauf** kochen.
4. In der Zwischenzeit die Tomaten waschen, halbieren, Kerne und Stielansätze entfernen und das Fruchtfleisch klein würfeln. Die Kidneybohnen durch ein Sieb abgießen und abbrausen.
5. Tomaten und Bohnen zur Suppe geben und **4 Minuten/80 °C/Stufe 1/Linkslauf** erhitzen. Mit Salz und Pfeffer abschmecken und auf 4 Teller verteilen.

Tipp: Orientalische Gewürze wie gemahlener Kardamom, Kreuzkümmel, Koriander oder Ras el Hanout bringen Abwechslung für den Gaumen.

Möhreneintopf mit Bohnen

Für 4 Portionen • Pro Portion: 186 kcal, 7 g E, 8 g F, 20 g KH

500 g Möhren
150 g Staudensellerie
150 g Knollensellerie
1 Zwiebel
2 Knoblauchzehen
1 EL Olivenöl
3 EL Tomatenmark
800 ml Gemüsebrühe
1 gestrichener EL Paprikapulver, rosenscharf oder edelsüß
1 kleine Dose weiße Bohnen (ca. 250 g Abtropfgewicht)
4 Stängel krause Petersilie
Salz, Pfeffer

1. Möhren, Stauden- und Knollensellerie schälen, putzen und waschen. Möhren und Staudensellerie in Scheiben schneiden, Knollensellerie grob in Stücke schneiden. Die Zwiebel abziehen und vierteln. Knoblauchzehen schälen.
2. Zwiebel, Knoblauch und Olivenöl in den Mixbehälter geben, Messbecher einsetzen und Gemüse **5 Sekunden/Turbo-Taste** zerkleinern. Mit dem Spatel nach unten schieben und offen **4 Minuten/Anbrat-Taste** andünsten. Das Tomatenmark dazugeben und weitere **2 Minuten/Anbrat-Taste** dünsten.
3. Knollensellerie in den Mixbehälter geben und **6 Sekunden/Stufe 5** zerkleinern (Messbecher!).
4. Die vorbereiteten Möhren- und Staudenselleriescheiben dazugeben, die Brühe angießen und alles mit Paprikapulver würzen. **14 Minuten/100 °C/Stufe 1/Linkslauf** kochen, bis das Gemüse weich, aber noch bissfest ist.
5. Die Bohnen durch ein Sieb abgießen und kalt abbrausen. Zum Eintopf geben und **2 Minuten/100 °C/Stufe 1/Linkslauf** erhitzen.
6. In der Zwischenzeit die Petersilie waschen, gut trocken schütteln und in kleine Sträußchen zerteilen.
7. Den Eintopf mit Salz und Pfeffer abschmecken, auf 4 Teller verteilen und mit der Petersilie garniert servieren.

Tipp: Die Petersilie können Sie auch gut durch das klein gehackte, zarte Grün der inneren Selleriestängel ersetzen.

Resteverwertung: Rühren Sie etwas Brühe nach Bedarf und 1 Dose gehackte Tomaten ein. Nochmals kräftig mit Salz, Pfeffer und etwas Tomatenmark würzen – fertig ist eine leckere Suppenvariante.

Linsendal mit Spinat

Für 4 Portionen • Pro Portion: 300 kcal, 20g E, 9g F, 35g KH

300g frischer Spinat
1 Zwiebel
1 Knoblauchzehe
1 Stück Ingwer (etwa walnussgroß)
1 EL Rapsöl
1 EL Madras-Currypulver
1 getr. Peperonischote oder ½ TL Peperoncino-Gewürz
250g gelbe oder rote Linsen
800ml Gemüsebrühe
Salz, Pfeffer

1. Den Spinat waschen, verlesen, grob zerschneiden und tropfnass in den tiefen Dampfgaraufsatz legen.
2. Die Zwiebel abziehen und vierteln. Den Knoblauch schälen. Ingwer schälen und grob zerschneiden. Zwiebel, Knoblauch und Ingwer in den Mixbehälter geben, Messbecher einsetzen und Gemüse **5 Sekunden/Turbo-Taste** zerkleinern. Mit dem Spatel nach unten schieben, das Rapsöl dazugeben und Gemüse ohne eingesetzten Messbecher **4 Minuten/Anbrat-Taste** andünsten.
3. Curry, Peperonischote oder Peperoncino-Gewürz, Linsen und Brühe dazugeben und den Dampfgaraufsatz mit dem Spinat aufsetzen. Das Ganze **25 Minuten/Dampfgar-Taste** garen.
4. Den Dampfgaraufsatz abnehmen und den Spinat zu den Linsen geben. **10 Sekunden/Stufe 2/Linkslauf** unterrühren. Dal mit Salz und Pfeffer abschmecken und auf 4 Teller verteilen.

Info: Dal (auch Daal oder Dhal) bezeichnet ein indisches bzw. pakistanisches Hülsenfruchtgericht, bei dem die Linsen, Bohnen oder Kichererbsen sehr weich, fast breiartig zerkocht werden.

Tipp: Wenn Sie nur 2 Portionen benötigen, machen Sie trotzdem die ganze Menge. Aufgewärmt schmecken die Linsen nochmal so gut.

Weiße Bohnen mit Frühlingskräutern

Für 4 Portionen • Pro Portion: 258 kcal, 9 g E, 14 g F, 24 g KH

1 Bund Frühlingszwiebeln
1 Knoblauchzehe
100 g frische Kräuter (z. B. Bärlauch, Petersilie und Kerbel)
400 g Fleischtomaten
50 ml Olivenöl
40 ml weißer Essig
1 TL Zucker
Salz, Pfeffer
1 Dose weiße Riesenbohnen (ca. 400 g Einwaage)

1. Die Frühlingszwiebeln putzen, waschen und grob zerschneiden. Knoblauchzehe schälen. Die Kräuter waschen, mit Küchenkrepp trocken tupfen und harte Stiele entfernen.
2. Die Fleischtomaten waschen, halbieren und Kerne und Stielansätze entfernen. Fruchtfleisch in Spalten schneiden.
3. Frühlingszwiebeln, Knoblauch und Kräuter in den Mixbehälter geben, Messbecher einsetzen und alles **4 Sekunden/Turbo-Taste** zerkleinern. Mit dem Spatel nach unten schieben.
4. Tomaten, Olivenöl, Essig, Zucker, Salz und Pfeffer dazugeben und **3 Sekunden/Stufe 4 zerkleinern**. In eine Schüssel umfüllen.
5. Die Bohnen durch ein Sieb abgießen und mit kaltem Wasser abbrausen. Zur Kräuter-Tomaten-Mischung geben, gut vermischen und 15 Minuten ziehen lassen. Nochmals mit Salz und Pfeffer und eventuell mehr Essig abschmecken und auf 4 Teller verteilen.

Tipp: Wenn Sie den Zeitaufwand nicht scheuen und Geld sparen möchten, können Sie 1 kg getrocknete Bohnenkerne in einem normalen Kochtopf vorkochen und einfrieren. (Das ergibt etwa 6 reichhaltige Portionen.) Bohnen über Nacht einweichen. Am nächsten Tag in 3 l frischem Wasser aufkochen lassen und bei milder Hitze 1–1 ½ Stunden bissfest kochen. In der Brühe abkühlen lassen.

Für Nicht-Veganer: Um gleich noch etwas Aroma zu bekommen: 1 Stück Speckschwarte vom Metzger holen, 1 geschälte Zwiebel mit 6 Gewürznelken spicken und 3 Knoblauchzehen mit der stumpfen Seite auf die Arbeitsfläche drücken, sodass sie aufplatzen. Speck, Zwiebel und Knoblauch mit den Bohnen kochen.

Linsensalat mit Rucola und Ei

(F)

Für 4 Portionen • Pro Portion: 427 kcal, 23 g E, 24 g F, 33 g KH

1 rote Paprikaschote
je 1 rote und weiße Zwiebel
1–2 Knoblauchzehen
60 ml Rapsöl
250 g Tellerlinsen
800 ml Gemüsebrühe
75 g Rucola
2–3 EL Apfelessig
½ TL Zucker
½ TL Paprikapulver, rosenscharf oder edelsüß
Salz, Pfeffer
4 hart gekochte Eier
schwarzer Pfeffer aus der Mühle

1. Die Paprikaschote waschen, putzen und grob zerschneiden. In den Mixbehälter geben, Messbecher einsetzen und Paprika **3 Sekunden/Stufe 4** zerkleinern. In eine Schüssel umfüllen und beiseite stellen. Den Mixbehälter nicht spülen. (Alternativ können Sie die Paprika auch mit dem Messer in Würfel schneiden – das sieht dann gleichmäßiger aus.)
2. Die Zwiebeln abziehen. Rote Zwiebel in Ringe schneiden. Weiße Zwiebel vierteln. Knoblauchzehen schälen. Weiße Zwiebel und Knoblauch in den Mixbehälter geben, Messbecher einsetzen und Gemüse **5 Sekunden/Turbo-Taste** zerkleinern. Mit dem Spatel nach unten schieben, 1 EL Öl dazugeben und Gemüse ohne eingesetzten Messbecher **4 Minuten/Anbrat-Taste** andünsten.
3. Linsen und Brühe dazugeben und Linsen in **30 Minuten/100 °C/Stufe 1/Linkslauf** bissfest garen. Zwischendurch probieren, denn getrocknete Linsen haben je nach Alter und Sorte unterschiedliche Garzeiten.
4. In der Zwischenzeit Rucola waschen, verlesen und gut abtropfen lassen. Aus dem restlichen Öl, Essig, Zucker, Paprikapulver, Salz und Pfeffer mit dem Schneebesen in einer geräumigen Schüssel eine cremige Marinade rühren. Die Eier schälen und längs halbieren.
5. Die Linsen und Paprikawürfel zur Marinade geben, gut vermischen und 15 Minuten durchziehen lassen. Mit Salz, Pfeffer und eventuell mehr Essig pikant abschmecken.
6. Linsensalat auf 4 Teller verteilen, mit den roten Zwiebelringen und Rucola belegen und die Eierhälften obenauf legen. Mit schwarzem Pfeffer bestreut lauwarm servieren.

Tipp: Für eine orientalische Variante können Sie das Dressing wie folgt zubereiten: 50 ml Olivenöl, Saft von ½ Zitrone, 1 TL Kreuzkümmel, 5 Stängel frische Minze (klein gehackt) mit Salz und Pfeffer verrühren.

Info: Rotbraune Berglinsen, eher süßliche Puylinsen oder die dunklen Belugalinsen sind besonders gut für Salate, da sie nicht verkochen und schön knackig bleiben. Sie sind zudem schneller gar. Diese Sorten sind etwas teurer, aber auch im Supermarkt erhältlich.

Erbsen-Kresse-Suppe mit Frischkäsetoast

F

Für 4 Portionen • Pro Portion: 286 kcal, 11 g E, 15 g F, 26 g KH

1 Zwiebel
150 g Kartoffeln (am besten mehligkochende)
2 Kästchen Kresse
1 EL Rapsöl
1 kg junge Erbsen in Schoten (ersatzweise 400 g TK-Erbsen)
800 ml Gemüsebrühe
Saft von ½ Zitrone
4 Scheiben Toastbrot
80 g Frischkäse
Salz, Pfeffer

1. Die Zwiebel abziehen und vierteln. Die Kartoffeln schälen, waschen und in Stücke schneiden. Die Kresse waschen, trocken schütteln und mit einer Schere vom Flies schneiden. Einige Blätter zum Garnieren beiseite legen.
2. Zwiebel in den Mixbehälter geben, den Messbecher einsetzen und Zwiebel **4 Sekunden/Turbo-Taste** zerkleinern. Mit dem Spatel nach unten schieben, das Öl dazugeben und Zwiebel offen **4 Minuten/Anbrat-Taste** andünsten.
3. Die Erbsen palen und zusammen mit den Kartoffelstücken, Kresse und Gemüsebrühe in den Mixbehälter geben. Den Kocheinsatz als Spritzschutz aufsetzen und die Suppe **15 Minuten/100 °C/Stufe 1** kochen.
4. Die halbe Zitrone auspressen. Das Brot toasten und mit Frischkäse bestreichen. Die Suppe **20 Sekunden/Stufe 5** grob pürieren. (Messbecher einsetzen!)
5. Die Suppe mit Salz, Pfeffer und Zitronensaft pikant abschmecken. Auf 4 Teller verteilen, mit der restlichen Kresse bestreuen und die Brote an den Rand legen.

Tipp: Für noch mehr Frühlingsfrische können Sie die Suppe statt mit Kresse auch mit 6 Stängeln Minze zubereiten. Und wenn es scharf werden soll: Beim Abschmecken 1–2 TL Wasabi einrühren.

Resteverwertung: Mit Wasser und 2–3 Eiswürfeln können Sie Reste im Monsieur Cuisine **30 Sekunden/Stufe 9** zu einem cremigen Smoothie verarbeiten.

Linsen-Bolognese

Für 4 Portionen • Pro Portion: 250 kcal, 11 g E, 11 g F, 27 g KH

150 g Staudensellerie
200 g Möhren
1 Zwiebel
2–3 Knoblauchzehen
2 EL Olivenöl
2 EL Tomatenmark
500 ml Gemüsebrühe
1 Dose gehackte oder passierte Tomaten (ca. 400 g Einwaage)
je 1 TL getr. Majoran und Oregano
125 g rote oder gelbe Linsen
Salz, Pfeffer
Balsamessig

1. Staudensellerie und Möhren putzen, waschen und grob in Stücke schneiden. Die Zwiebel abziehen und vierteln, Knoblauchzehen schälen.
2. Zwiebel, Knoblauch und Öl in den Mixbehälter geben, Messbecher einsetzen und Gemüse **5 Sekunden/Turbo-Taste** zerkleinern. Mit dem Spatel nach unten schieben und ohne Messbecher **3 Minuten/Anbrat-Taste** andünsten.
3. Sellerie und Möhren dazugeben und **5 Sekunden/Stufe 5** zerkleinern. Mit dem Spatel nach unten schieben und das Tomatenmark zufügen. Weitere **3 Minuten/Anbrat-Taste** dünsten.
4. Gemüsebrühe dazugießen und Gemüse in **10 Minuten/100 °C/Stufe 2** weich kochen. Anschließend alles **15 Sekunden/Stufe 7** grob pürieren (Messbecher!).
5. Gehackte Tomaten, Majoran, Oregano und Linsen dazugeben, den Kocheinsatz als Spritzschutz aufsetzen und das Ganze **20 Minuten/100 °C/Stufe 2/Linkslauf** weich kochen.
6. Mit Salz, Pfeffer und Balsamico-Essig abschmecken und nach Belieben zu Teigwaren, Kartoffeln oder einfach dunklem Brot servieren.

Resteverwertung: Die Bolognese ist nicht nur für Spaghetti lecker. Reste können Sie mit zusätzlichem Tomatenmark und etwas geriebenem Käse eindicken und einfach auf Brot streichen.

Sommerlicher Linsensalat

Für 4 Portionen • Pro Portion: 456 kcal, 22 g E, 26 g F, 36 g KH

je 1 rote und gelbe Paprikaschote
1 Bund Frühlingszwiebeln
1–2 Knoblauchzehen
3 Stängel Thymian
3 EL Olivenöl
200 g Tellerlinsen (oder eine festere Linsensorte)
650 ml Gemüsebrühe
50 g Sonnenblumenkerne
300 g Cocktailtomaten
1 Kästchen Gartenkresse
Saft von ½ Bio-Zitrone
1 rosa Grapefruit
Salz, Pfeffer

1. Paprikaschoten waschen, putzen und grob in Stücke schneiden. In den Mixbehälter geben, Messbecher einsetzen und Paprika **3 Sekunden/Stufe 4** zerkleinern. In eine Schüssel umfüllen, Mixbehälter nicht spülen. (Alternativ können Sie die Paprikaschoten auch mit einem Messer von Hand in kleine Würfel schneiden.)
2. Die Frühlingszwiebeln putzen, waschen und mit viel Grün grob zerschneiden. Die Knoblauchzehen schälen. Thymian waschen, mit Küchenkrepp trocken tupfen und die Blättchen von den Stängeln zupfen.
3. Frühlingszwiebeln und Knoblauch in den Mixbehälter geben, Messbecher einsetzen und Gemüse **5 Sekunden/Stufe 5** zerkleinern. 1 EL Olivenöl dazugeben und Gemüse offen **4 Minuten/Anbrat-Taste** andünsten.
4. Thymianblättchen, Linsen und Brühe dazugeben und Linsen in **30 Minuten/100 °C/Stufe 1/Linkslauf** bissfest kochen. Zwischendurch probieren, denn Linsen haben je nach Alter und Hersteller unterschiedliche Kochzeiten.

5. In der Zwischenzeit die Sonnenblumenkerne in einer beschichteten Pfanne ohne Fett goldgelb rösten. Die Cocktailtomaten waschen und halbieren. Die Kresse waschen, gut trocken schütteln und die Blättchen mit einer Schere vom Flies schneiden.
6. Die halbe Zitrone auspressen. Die Grapefruit halbieren. Eine Hälfte auspressen, das Fruchtfleisch der anderen Hälfte mit einem scharfen Messer klein schneiden. Aus Zitronen- und Grapefruitsaft, dem restlichen Olivenöl, Salz und Pfeffer mit dem Schneebesen in einer geräumigen Schüssel eine cremige Marinade rühren.
7. Grapefruitstücke, Paprika, Linsen und Tomaten unterheben und 15 Minuten oder länger durchziehen lassen. Mit Salz und Pfeffer nochmals abschmecken.
8. Den Salat auf 4 Teller verteilen und mit Kresse und Sonnenblumenkernen bestreut servieren.

Tipp: Wenn es nicht vegan sein soll, einfach noch 50 g gehobelten Parmesan oder Grana Padano über den Salat streuen.

Bohnensuppe mit Sommergemüse

Für 4 Portionen • Pro Portion: 271 kcal, 10 g E, 9 g F, 37 g KH

250 g rote Paprikaschoten (am besten Spitzpaprika)
200 g Zucchini
200 g Möhren
200 g Kartoffeln
1 kleine Stange Lauch
1 EL Olivenöl
800 ml Gemüsebrühe
1 Dose weiße Bohnen oder Cannellinibohnen (ca. 250 g Abtropfgewicht)
4 Scheiben Ciabatta oder Baguette
Salz, Pfeffer
etwas Zitronensaft

1. Paprika und Zucchini putzen und waschen. Möhren schälen und putzen. Kartoffeln schälen und waschen. Vorbereitetes Gemüse in Scheiben oder Würfel schneiden.
2. Den Lauch putzen, längs aufschlitzen und gründlich waschen. Grob zerschneiden und mit dem Öl in den Mixbehälter geben. Messbecher einsetzen und Lauch **6 Sekunden/Turbo-Taste** zerkleinern. Mit dem Spatel nach unten schieben und ohne eingesetzten Messbecher **4 Minuten/Anbrat-Taste** andünsten. Paprika dazugeben und **4 Sekunden/Stufe 4** zerkleinern.
3. Das restliche Gemüse mit der Brühe dazugeben und **25 Minuten/100 °C/Stufe 1/Linkslauf** weich kochen. Kocheinsatz als Spritzschutz aufsetzen! Nach etwa 6 Minuten, wenn die Suppe kocht, die Temperatur auf 85 °C reduzieren, um das Gemüse nur noch sanft zu garen.

4. Die Bohnen in ein Sieb geben und kalt abbrausen. Zur Suppe geben und **3 Minuten/100 °C/Stufe 1/Linkslauf** erhitzen.
5. Ciabatta toasten. Die Suppe mit Salz, Pfeffer und Zitronensaft abschmecken, auf Teller verteilen und das Brot an den Rand legen.

Tipp: Je nach Marktangebot können Sie der Suppe noch frische Erbsen, Fenchel oder grüne Bohnen zufügen. Nicht-Veganer können – während die Suppe kocht – 400 g Seelachs oder Kabeljau im Dampfgaraufsatz obenauf dämpfen und dann auf die Suppe geben.

Fasolada – Griechischer Bohneneintopf

Für 4 Portionen • Pro Portion: 393 kcal, 18 g E, 17 g F, 42 g KH

300 g getrocknete weiße Bohnen
300 g Möhren
200 g Staudensellerie
1 rote Spitzpaprikaschote
100 g Kartoffel
1 große Zwiebel
1 Knoblauchzehe
60 ml Olivenöl
2 EL Tomatenmark
1 TL Paprikapulver, rosenscharf oder edelsüß
1,2 l Wasser
Saft von ½ Zitrone
Salz, Pfeffer

1. Die Bohnen über Nacht in reichlich Wasser einweichen. Am nächsten Tag durch ein Sieb abgießen und mit frischem Wasser in einem Kochtopf aufsetzen. Zum Kochen bringen und Bohnen bei milder Hitze in 40 Minuten halbgar kochen.
2. In der Zwischenzeit Möhren, Staudensellerie und Paprikaschote waschen, putzen und grob zerschneiden. Die Kartoffel schälen, waschen und vierteln. Die Zwiebel abziehen und vierteln. Die Knoblauchzehe schälen.
3. Zwiebel und Knoblauch in den Mixbehälter geben, Messbecher einsetzen und Gemüse **5 Sekunden/Turbo-Taste** zerkleinern. 2 EL Öl dazugeben und Gemüse ohne eingesetzten Messbecher **4 Minuten/Anbrat-Taste** andünsten. Das Tomatenmark zufügen und weitere **2 Minuten/Anbrat-Taste** dünsten.

4. Möhren, Sellerie und Paprika in den Mixbehälter geben und **4 Sekunden/Stufe 5** zerkleinern (Messbecher!). Die Kartoffelstücke und Bohnen dazugeben und mit Paprikapulver würzen.
5. Wasser angießen, sodass Gemüse und Bohnen gut bedeckt sind. Kocheinsatz als Spritzschutz aufsetzen und Bohnen **20 Minuten/100 °C/ Stufe 2/Linkslauf** kochen, bis sie weich sind. Eventuell einen Teil der Kartoffelstücke herausfischen, mit einer Gabel zerdrücken und wieder in den Topf geben – das macht den Eintopf noch sämiger.
6. Zitrone auspressen. Den Eintopf mit Zitronensaft, Salz und Pfeffer fein säuerlich abschmecken, auf 4 Teller verteilen und mit dem restlichen Olivenöl beträufeln.

Info: Fasolada ist ein traditioneller griechischer Eintopf, in den auch gerne noch schwarze oder grüne Oliven gemischt werden. Wenn es frisches Fladenbrot dazu gibt, reicht das Rezept für 6 Portionen.

Resteverwertung: Den Resten des kräftigen Bohneneintopfs können Sie noch eine Dose dicke Bohnen unterrühren. In eine feuerfeste Form geben, mit dünnen Scheiben Mozzarella belegen und im vorgeheizten Backofen 15–20 Minuten goldgelb überbacken.

Tomaten-Bohnen-Eintopf mit Hörnchen

Für 4 Portionen • Pro Portion: 254 kcal, 10 g E, 8 g F, 35 g KH

1 große Zwiebel
2 Knoblauchzehen
1 EL Olivenöl
40 g Tomatenmark
600 g Tomaten
100 g grüne Bohnen
100 g Möhren
700 ml Gemüse- oder Fleischbrühe
100 g Hörnchen (oder andere Pasta, z. B. Farfalle)
1 kleine Dose Kidneybohnen (ca. 200 g Abtropfgewicht)
Salz, Pfeffer
2–3 EL weißer oder dunkler Balsamico-Essig
4 Stängel rotes Basilikum (ersatzweise grünes Basilikum)

1. Die Zwiebel abziehen und vierteln. Die Knoblauchzehen schälen. Beides zusammen mit dem Olivenöl in den Mixbehälter geben, Messbecher einsetzen und Gemüse **5 Sekunden/Turbo-Taste** zerkleinern. Mit dem Spatel nach unten schieben und ohne eingesetzten Messbecher **4 Minuten/Anbrat-Taste** andünsten. Das Tomatenmark dazugeben und weitere **2 Minuten/Anbrat-Taste** dünsten.
2. In der Zwischenzeit die Tomaten waschen, vierteln und die Stielansätze herausschneiden. Die Bohnen waschen, putzen und in 3 cm lange Stücke schneiden. Die Möhren schälen, putzen und würfeln.
3. Tomaten mit Brühe in den Mixbehälter geben. Bohnen, Möhren und Hörnchen im Dampfgaraufsatz verteilen und diesen aufsetzen. Alles zusammen **20 Minuten/Dampfgar-Taste** garen. Alternativ können Sie die Pasta in einem Topf mit Salzwasser getrennt kochen. Sie wird dann gleichmäßiger gar.
4. Den Dampfgaraufsatz abnehmen und beiseite stellen. Die Kidneybohnen aus der Dose in ein Sieb schütten und kalt abbrausen. ⅓ davon beiseite stellen, den Rest zur Suppe in den Mixbehälter geben und **5 Minuten/100 °C/Stufe 1** erhitzen. Anschließend mit eingesetztem Messbecher **25 Sekunden/Stufe 6** pürieren. Mit Salz, Pfeffer und Balsamico-Essig abschmecken. Die restlichen Kidneybohnen zur Suppe geben und **2 Minuten/80 °C/Stufe 1/Linkslauf** unterrühren und erhitzen.
5. In der Zwischenzeit das Basilikum waschen, trocken schütteln und die Blätter von den Stängeln zupfen. Grüne Bohnen, Möhren und Pasta auf den Tellern verteilen, die Suppe darüberschöpfen und mit Basilikum bestreut servieren.

Resteverwertung: Reste zu einer cremigen Konsistenz einkochen lassen und als Sauce zu Spaghetti oder als Brotaufstrich verwenden.

Riesenbohnen-Eintopf mit Wirsing

Für 4 Portionen • Pro Portion: 355 kcal, 18 g E, 17 g F, 39 g KH

1 Zwiebel
2 Knoblauchzehen
200 g Möhren
200 g Staudensellerie
1 Stange Lauch
200 g Wirsing (ersatzweise Grünkohl oder Mangold)
8 Rispentomaten
1 Dose Riesenbohnen (ca. 250 g Abtropfgewicht)
3 EL Olivenöl
750 ml Gemüsebrühe
2 Zweige Thymian
4 Scheiben Weißbrot
Salz, Pfeffer
weißer Essig

1. Die Zwiebel abziehen und vierteln. Die Knoblauchzehen schälen. Möhren schälen und putzen, Staudensellerie putzen und waschen. Lauch längs aufschlitzen, gründlich waschen und putzen. Alles in etwa ½ cm breite Scheiben schneiden.
2. Den Wirsing gründlich waschen, die harten Mittelrippen entfernen und die Blätter in mundgerechte Stücke zupfen. Die Tomaten waschen, halbieren und die Stielansätze entfernen. Die Bohnen in ein Sieb geben, kalt abbrausen und abtropfen lassen.
3. Zwiebel und Knoblauchzehen mit 1 EL Olivenöl in den Mixbehälter geben, den Messbecher einsetzen und Gemüse **5 Sekunden/Turbo-Taste** zerkleinern. Mit dem Spatel nach unten schieben, Möhren, Sellerie und Lauch dazugeben und alles zusammen mit eingesetztem Messbecher **6 Minuten/Anbrat-Taste** andünsten.
4. Mit Brühe aufgießen, Grünkohl und Thymian dazugeben, den Kocheinsatz als Spritzschutz aufsetzen und alles **20 Minuten/100 °C/Stufe 1/Linkslauf** kochen lassen.
5. Bohnen und Tomaten dazugeben und weitere **7 Minuten/100 °C/ Stufe 1/Linkslauf** garen.
6. In der Zwischenzeit das Brot in Würfel schneiden und im restlichen Öl zu knusprigen Croûtons braten.
7. Thymianstängel entfernen, den Eintopf mit Salz, Pfeffer und Essig abschmecken, auf 4 Teller verteilen und mit den Croûtons bestreut servieren.

Tipp: Zum Eintopf passt pro Portion auch 1 EL geriebener Parmesan. Dazu können Sie etwa 40 g Käse grob in Stücke schneiden und – bevor Sie mit der Suppenzubereitung beginnen – **8 Sekunden/Stufe 8** mit eingesetztem Messbecher reiben und in eine kleine Schüssel umfüllen.

Rote-Bete-Eintopf mit Bohnen und Wurzelgemüse

Für 4 Portionen • Pro Portion: 138 kcal, 6g E, 4g F, 19g KH

200g frische Rote Bete
200g Möhren
100g Pastinaken
1 Stück Ingwer (etwas walnussgroß)
2 Knoblauchzehen
750ml Gemüsebrühe
2 Stängel Petersilie
1 kleine Dose weiße Bohnen (ca. 250g Abtropfgewicht)
Salz, Pfeffer

1. Rote Bete schälen (am besten dazu Einmalhandschuhe anziehen, sonst bleiben Ihre Finger noch stundenlang rot) und in etwa 2cm große Stücke schneiden. Möhren und Pastinaken schälen, putzen, waschen und ebenfalls in Stücke schneiden. Den Ingwer schälen und vierteln, die Knoblauchzehen abziehen.
2. Ingwer und Knoblauch in den Mixbehälter geben, Messbecher einsetzen und Gemüse **3 Sekunden/Turbo-Taste** zerkleinern. Mit dem Spatel nach unten schieben.
3. Rote Bete, Möhren und Pastinaken dazugeben. Die Brühe angießen und alles mit dem Kocheinsatz als Spritzschutz **20 Minuten/100°C/Stufe 1** kochen.
4. In der Zwischenzeit die Petersilie waschen, trocken schütteln, die Blättchen von den Stielen zupfen und hacken. Die Bohnen in ein Sieb geben, kalt abbrausen und abtropfen lassen.
5. Das Gemüse in der Suppe **3 Sekunden/Stufe 4** etwas zerkleinern (Messbecher einsetzen!) und mit Salz und Pfeffer abschmecken. Die Bohnen dazugeben und **2 Minuten/100°C/Stufe 1/Linkslauf** in der Suppe erhitzen.
6. Eintopf auf die Teller verteilen und mit der Petersilie bestreut servieren.

Tipp: Falls Sie es lieber noch cremiger haben möchten: Wenn die Bohnen warm sind, Eintopf **40 Sekunden/Stufe 4–7** ansteigend pürieren. Schärfer und gehaltvoller wird es, wenn Sie 1 EL Meerrettich (aus dem Glas) oder ½–1 TL Wasabi einrühren. Zusammen mit den Bohnen können Sie auch 1 Paar Wiener Würstchen (in Scheiben geschnitten) in der Suppe erwärmen.

Geflügel, Fleisch und Fisch

Gerichte, in denen Fleisch, Geflügel oder Fisch enthalten sind, werden auf jeden Fall etwas teurer, wenn Sie gutes Fleisch von artgerecht gehaltenen Tieren verwenden. Die Empfehlungen des aktuellen *Fleischatlas* der »Deutschen Gesellschaft für Ernährung« (DGE) sowie sämtlicher Naturschutz- und Landwirtschaftsorganisationen plädieren für einen deutlich reduzierten Fleischkonsum. (Die DGE empfiehlt nicht mehr als 300–600 Gramm pro Woche.) Den Tieren, aber auch Ihrer Gesundheit zuliebe.

Fisch gilt zwar wegen der Omega-3-Fettsäuren als besonders gesund. Viele Sorten leiden aber unter Überfischung und schlechten Meeresbedingungen. Daher sollte Fisch nur 1–2-mal pro Woche gegessen werden.

Das wird berücksichtigt, indem in diesem Kapitel mit eher kleinen Fleisch- und Fischportionen gerechnet wird. Gemessen am Gesamtinhalt des Buches gibt es auch wenige Fleisch- oder Fischrezepte, was aber auch daran liegt, dass die Zubereitung von Fleisch im Monsieur Cuisine Grenzen hat. Braten geht nun mal nicht, und Rezepte für gedünstete Fleisch- und Fischgerichte können nicht endlos variiert werden. Es bleibt Ihnen aber natürlich unbenommen, zu den zahlreichen Gerichten aus den anderen Kapiteln ein Stück Fleisch oder Fisch in der Pfanne zu braten.

Hühnersuppe mit Spinat und Pilzen

Für 4 Portionen • Pro Portion: 126 kcal, 19 g E, 2 g F, 8 g KH

1 Hähnchenbrust (ca. 250 g)
1 Stängel Staudensellerie
1 l Hühnerbrühe (Instant)
25 g getr., gemischte Pilze
100 g frischer Winterspinat
150 g braune Champignons
Salz, Pfeffer
Zitronensaft nach Belieben

1. Hähnchenbrust in mundgerechte Würfel schneiden. Staudensellerie waschen, putzen und quer in ½ cm breite Streifen schneiden.
2. Die Hühnerbrühe in den Mixbehälter füllen. Hähnchenbrust, Sellerie und getrocknete Pilze dazugeben und **30 Minuten/100 °C/Stufe 1/Linkslauf** garen.
3. Den Spinat waschen, verlesen und putzen. Die Champignons mit Küchenkrepp abreiben und in Scheiben schneiden.
4. Spinat und Champignons zur Suppe geben und alles zusammen weitere **10 Minuten/100 °C/Stufe 1/Linkslauf** garen.
5. Suppe mit Salz, Pfeffer und nach Belieben etwas Zitronensaft abschmecken.

Resteverwertung: Die übrige Suppe mit TK-Erbsen, Mais oder ein paar Champignons »verlängern«.

Hackbällchen mit Tomaten-Spaghetti

Für 4 Portionen • Pro Portion: 544 kcal, 31 g E, 21 g F, 59 g KH

2 Zwiebeln
2 Knoblauchzehen
4 Stängel Petersilie
3 EL Rapsöl
50 g Semmelbrösel
1 Ei, Größe M
2 EL Tomatenmark
400 g gemischtes Hackfleisch
Salz, Pfeffer
etwas Mehl zum Wenden
500 g reife Rispentomaten
240 g Spaghetti
1 l Wasser

1. Den Backofen auf 200 °C Ober-/Unterhitze (Umluft 180 °C) vorheizen. 1 Zwiebel abziehen und vierteln. Knoblauchzehen schälen. Die Petersilie waschen, gut trocken schütteln und die Blätter von den Stielen zupfen.
2. Zwiebel, Knoblauch und Petersilie mit 1 EL Öl in den Mixbehälter geben, Messbecher einsetzen und Gemüse **5 Sekunden/Turbo-Taste** zerkleinern. Mit dem Spatel nach unten schieben und offen **4 Minuten/Anbrat-Taste** andünsten.
3. Semmelbrösel, Ei, Tomatenmark und Hackfleisch dazugeben und **10 Sekunden/Stufe 3/Linkslauf** vermischen. Masse in eine Schüssel umfüllen und mit Salz und Pfeffer abschmecken. Mixbehälter nicht spülen.
4. Mehl auf einem flachen Teller ausbreiten. Eine feuerfeste Form mit 1 EL Öl auspinseln. Mit nassen Händen aus dem Hackfleisch etwa 3 cm große Bällchen formen, jeweils in Mehl wälzen und in die Form legen.
5. Im vorgeheizten Backofen 20 Minuten unter öfterem Wenden braten, bis die Bällchen goldbraun sind.

6. In der Zwischenzeit für die Tomatensauce die übrige Zwiebel schälen und vierteln. Mit dem restlichen Öl in den Mixbehälter geben und **5 Sekunden/Turbo-Taste** zerkleinern (Messbecher einsetzen!). Mit dem Spatel nach unten schieben und ohne eingesetzten Messbecher **4 Minuten/Anbrat-Taste** andünsten.
7. Die Tomaten waschen und halbieren oder vierteln. Zu den Zwiebeln geben und **5 Minuten/100 °C/Stufe 2/Linkslauf** kurz garen. In eine feuerfeste Schüssel umfüllen und zugedeckt im Backofen warm halten. Mixbehälter nicht spülen.
8. Für die Spaghetti 1 l Salzwasser im Mixbehälter in **8 Minuten/100 °C/Stufe 1** zum Kochen bringen. Die Spaghetti durch die Deckelöffnung hineingeben und ohne Messbecher nach Packungsanleitung bei **100 °C/Stufe 1** bissfest kochen. Durch ein Sieb oder den tiefen Dampfgaraufsatz abgießen.
9. Spaghetti auf 4 Teller verteilen, mit den Tomaten vermischen und die Fleischbällchen obenauf legen.

Resteverwertung: Sie können Reste einfach in einer beschichteten Pfanne mit etwas Öl unter Rühren leicht anbraten. Etwas aufwendiger: Reste grob zerkleinern, mit 1 Dose gehackter Tomaten vermischen, in eine feuerfeste Form geben und mit Mozzarellascheiben oder geriebenem Käse bestreut im Backofen ca. 20 Minuten backen, bis der Käse geschmolzen ist.

Putenragout mit Erbsen und getrockneten Aprikosen

Für 4 Portionen • Pro Portion: 274 kcal, 21 g E, 10 g F, 22 g KH

1 Zwiebel
1 Knoblauchzehe
2 EL Rapsöl
1 EL Paprikapulver, edelsüß
1 TL Kurkuma
400 ml Gemüsebrühe
300 g Putenbrust
200 g TK-Erbsen
80 g getr. Aprikosen
1 Bio-Orange
2 Stängel glatte Petersilie
1 EL Mehl
Salz, Pfeffer

1. Die Zwiebel abziehen und vierteln. Die Knoblauchzehe schälen. Beides mit dem Öl in den Mixbehälter geben, Messbecher einsetzen und Gemüse **5 Sekunden/Turbo-Taste** zerkleinern. Mit dem Spatel nach unten schieben und offen **4 Minuten/Anbrat-Taste** andünsten. Paprikapulver und Kurkuma einstreuen und **1 Minute/Anbrat-Taste** mitdünsten. Mit der Gemüsebrühe aufgießen.
2. Die Putenbrust in mundgerechte Würfel schneiden. Den flachen Dampfgaraufsatz mit Backpapier so auslegen, dass die seitlichen Schlitze zur Dampfzirkulation frei bleiben, und die Putenbruststücke darauflegen. Die Erbsen in den tiefen Dampfgaraufsatz geben. Dampfgaraufsätze aufsetzen und das Ganze **20 Minuten/Dampfgar-Taste** garen.
3. In der Zwischenzeit die Aprikosen in Streifen schneiden. Die Orange heiß waschen und 1 EL Schale fein abraspeln. Die Frucht auspressen. Die Petersilie waschen, trocken schütteln und die Blätter von den Stängeln zupfen.

4. Dampfgaraufsätze abnehmen und das Mehl **10 Sekunden/Stufe 5** in die Sauce rühren. Orangensaft, Aprikosen, Fleisch dazugeben und **3 Minuten/100 °C/Stufe 1/Linkslauf** zusammen durchziehen lassen. Mit Salz und Pfeffer abschmecken und die Erbsen mit dem Spatel unterheben.
5. Auf 4 Teller verteilen, mit Orangenschale und Petersilie bestreut servieren.

Resteverwertung: Mit Geflügelbrühe und noch mehr Erbsen werden Ragout-Reste zu einer gehaltvollen Suppe.

Grünkohlauflauf mit Schinkenwurst

Für 4 Portionen • Pro Portion: 507 kcal, 25 g E, 30 g F, 30 g KH

50 g alter Gouda
400 g frischer Grünkohl (ersatzweise 350 g TK-Grünkohl)
400 g Süßkartoffeln
1 l Wasser
350 ml Milch
40 g Butter
40 g Weizenmehl
Salz, Pfeffer
80 g Schmelzkäse
200 g Schinken-Krakauer

1. Den Gouda in Stücke schneiden, in den Mixbehälter geben, Messbecher einsetzen und Käse **7 Sekunden/Stufe 8** reiben. In eine Schüssel umfüllen und beiseite stellen.
2. Den Grünkohl gründlich waschen, die harten Mittelrippen herausschneiden und die Blätter grob hacken oder zerpflücken. In den tiefen Dampfgaraufsatz legen. Die Süßkartoffel schälen, waschen, in mundgerechte Würfel schneiden und in den Kocheinsatz geben. (TK-Grünkohl auftauen lassen, gut ausdrücken – er braucht nicht gedämpft zu werden.)
3. 1 l Wasser in den Mixbehälter füllen, den Kocheinsatz einhängen, den Dampfgaraufsatz aufsetzen und das Ganze **20 Minuten/Dampfgar-Taste** garen. Den Kocheinsatz mit den Süßkartoffeln herausnehmen und beiseite stellen. Den Grünkohl weitere **5–10 Minuten/Dampfgar-Taste** dämpfen, bis er weich ist.
4. Den Backofen auf 180 °C Ober-/Unterhitze (Umluft 160 °C) vorheizen. Das Wasser aus dem Mixbehälter ausleeren und Milch, Butter, Mehl, Salz, Pfeffer und Schmelzkäse einfüllen. Messbecher einsetzen und alles **7 Minuten/95 °C/Stufe 5** zu einer Béchamel verrühren.
5. In der Zwischenzeit den Grünkohl in eine Auflaufform (ca. 20 x 20 cm im Quadrat oder ca. 27 cm Durchmesser) geben, die Süßkartoffelwürfel darauf verteilen und die Schinken-Krakauer in Scheiben geschnitten darauf geben.
6. Auflauf mit der Béchamel begießen und mit dem geriebenen Käse bestreuen. 20 Minuten im vorgeheizten Backofen backen, bis der Käse Blasen wirft, aber noch hell ist. Gleich in der Form servieren.

Käse-Lauch-Eintopf mit Hackfleisch

Für 4 Portionen • Pro Portion: 440 kcal, 26 g E, 35 g F, 5 g KH

250 g Rinderhackfleisch
2 EL Rapsöl
3 Stangen Lauch
1–2 Knoblauchzehen
3 Stängel Petersilie
750 ml Gemüse- oder Fleischbrühe
1 TL getr. Majoran
200 g Schmelzkäse
100 g Schmand (20 % Fett) oder Crème légère
geriebene Muskatnuss
Salz, Pfeffer

1. Das Hackfleisch mit 1 EL Öl in den Mixbehälter geben und **10 Minuten/Anbrat-Taste** krümelig braten. Zwischendurch darauf achten, dass sich das Fleisch gut durchmischt und eventuell mit dem Spatel nachhelfen. In eine Schüssel umfüllen, den Mixbehälter nicht spülen.
2. Den Lauch putzen, längs aufschlitzen und gründlich waschen. 1 Lauchstange in feine Ringe schneiden und in den tiefen Dampfgaraufsatz geben. Den restlichen Lauch grob zerteilen. Den Knoblauch schälen. Die Petersilie waschen, trocken schütteln, die Blätter von den Stielen zupfen und fein hacken.
3. Das restliche Öl mit dem grob zerschnittenen Lauch und Knoblauch in den Mixbehälter geben, den Messbecher einsetzen und Gemüse **7 Sekunden/Stufe 5** zerkleinern. Mit dem Spatel nach unten schieben und ohne eingesetzten Messbecher **4 Minuten/Anbrat-Taste** andünsten.
4. Das Hackfleisch wieder in den Topf geben, die Brühe dazugießen, mit Majoran würzen, den Dampfgaraufsatz mit den Lauchringen aufsetzen und das Ganze **15 Minuten/90 °C/Stufe 1/Linkslauf** garen.

5. Den Dampfgaraufsatz abnehmen und beiseite stellen. Den Schmelzkäse in den Mixbehälter geben und **2 Minuten/100 °C/Stufe 2** schmelzen lassen. Den Schmand einrühren und Eintopf mit Muskatnuss, Salz und Pfeffer abschmecken.
6. Eintopf auf 4 Teller verteilen und mit den gedämpften Lauchringen und der Petersilie bestreut servieren.

Resteverwertung: Aus 1–2 Lauchstangen und Gemüsebrühe im Mixbehälter eine Suppe zubereiten und den Rest des Eintopf darin aufkochen. Eventuell mit zusätzlichem Schmelzkäse andicken.

Frühlingssuppe mit Putenbällchen

Für 4 Portionen • Pro Portion: 321 kcal, 23g E, 9g F, 34g KH

300g Putenbrust
1 Brötchen
1 Zwiebel
2–4 Knoblauchzehen
1 TL getr. Majoran
Salz, Pfeffer
1 Bund Frühlingszwiebeln
400g Möhren
400g Kartoffeln
1 EL Rapsöl
1 l Gemüsebrühe
2 Stängel glatte Petersilie

1. Das Putenfleisch in 2 cm große Würfel schneiden und für 1 Stunde im Tiefkühlfach anfrieren lassen. Das Brötchen grob zerschneiden und in lauwarmem Wasser einweichen.
2. Die Zwiebel abziehen und vierteln. 1–2 Knoblauchzehen schälen. Beides in den Mixbehälter geben und mit eingesetztem Messbecher **5 Sekunden/Turbo-Taste** zerkleinern. Mit dem Spatel nach unten schieben. Fleisch, ausgedrücktes Brötchen und Majoran dazugeben und **3 Sekunden/Stufe 6** zerkleinern.
3. Masse in eine Schüssel umfüllen (der Mixbehälter muss nicht gespült werden) und mit Salz und Pfeffer würzen.
4. Den flachen Dampfgaraufsatz mit Pergamentpapier auslegen – dabei darauf achten, dass die seitlichen Schlitze zur Luftzirkulation frei bleiben. Mit feuchten Händen aus der Fleischmasse 16 Bällchen formen und in den Einsatz legen.
5. Für die Suppe die Frühlingszwiebeln putzen, waschen und grob zerschneiden. 1–2 Knoblauchzehen schälen. Die Möhren schälen, putzen und grob

zerkleinern. Die Kartoffeln schälen, waschen und grob zerkleinern. (Nach Belieben die Möhren und Kartoffeln von Hand in Scheiben oder Würfel schneiden.)

6. Frühlingszwiebeln und Knoblauch mit dem Rapsöl in den Mixbehälter geben, Messbecher einsetzen und Gemüse **5 Sekunden/Turbo-Taste** zerkleinern, mit dem Spatel nach unten schieben und offen **4 Minuten/ Anbrat-Taste** andünsten.
7. Möhren und Kartoffeln in den Mixbehälter geben und **2–3 Sekunden/ Stufe 5** zerkleinern. Die Brühe angießen.
8. Den Dampfgaraufsatz mit den Putenbällchen aufsetzen und das Ganze **30 Minuten/100 °C/Stufe 1/Linkslauf** garen. Die Petersilie waschen, trocken schütteln und die Blätter von den Stängeln zupfen.
9. Die Suppe mit Salz und Pfeffer abschmecken, auf 4 Teller verteilen, die Putenbällchen obenauf geben und mit Petersilie bestreut servieren.

Info: Die Putenbällchen können Sie natürlich auch in anderen Suppen verwenden oder zu gedämpftem Gemüse essen. 1 Bällchen hat 30 kcal, 5 g E, 0 g F, 2 g KH.

Resteverwertung: Restliche Frühlingssuppe (mit oder ohne Fleischbällchen) können Sie mit Sahne oder Frischkäse pürieren und als Sauce zu fertig gekauften Geflügelfrikadellen oder Kartoffeln reichen.

Hähncheneintopf mit dicken Bohnen

Für 4 Portionen • Pro Portion: 281 kcal, 32g E, 10g F, 14g KH

400g Hühnerbrustfilet
Salz, Pfeffer
1 kg dicke Bohnen in Schoten (ca. 300g gepalt)
1 Stange Lauch
200g Wirsing
1 EL Rapsöl
1,2 l Gemüsebrühe
etwas Zitronensaft
Pfeffer aus der Mühle nach Belieben

1. Den flachen Dampfgaraufsatz mit Pergamentpapier belegen. (Darauf achten, dass die Schlitze zur Dampfzirkulation an den Seiten frei bleiben.) Das Hühnerfleisch in mundgerechte Stücke schneiden, salzen, pfeffern und auf das Papier legen.
2. Die Bohnen palen und in den Kocheinsatz geben. Den Lauch längs aufschlitzen, gründlich waschen, putzen und in 1 cm breite Ringe schneiden. Den Wirsing waschen, harte Mittelrippen entfernen und Blätter in Streifen schneiden.
3. Rapsöl und Lauchringe in den Mixbehälter geben und ohne eingesetzten Messbecher **4 Minuten/Anbrat-Taste** andünsten. Wirsing und Brühe dazugeben, den Dampfgaraufsatz aufsetzen und das Ganze **20 Minuten/100 °C/Stufe 1/Linkslauf** kochen.
4. Den Dampfgaraufsatz abnehmen und den Kocheinsatz mit den Bohnen einhängen. Dampfgaraufsatz wieder aufsetzen und alles weitere **10 Minuten/100 °C/Stufe 1/Linkslauf** kochen, bis auch die Bohnen weich sind.
5. Fleisch und Bohnen auf 4 Teller verteilen, die Suppe mit Salz, Pfeffer und Zitronensaft abschmecken und darüber schöpfen. Nach Belieben mit grobem Pfeffer übermahlen.

Info: Dicke Bohnen gibt es von Mitte Mai bis etwa Mitte August am Markt. Sie eignen sich gut zum Einfrieren (zuvor 3 Minuten blanchieren), schmecken in Salaten, Eintöpfen, zu Fleisch und sogar zu Pasta. 2 Kilo Bohnen in Schoten ergeben etwa 600 g Kerne. Einige ganz junge Schoten können in Streifen geschnitten mitgekocht werden.

Hähnchenfrikassee mit Spargel, Champignons und Reis

Für 4 Portionen • Pro Portion: 483 kcal, 32 g E, 16 g F, 52 g KH

250 g Langkornreis (z. B. Basmati)
500 g weißer Spargel
2 Hähnchenbrustfilets
Salz, Pfeffer
1 l Wasser
150 g braune Champignons
100 g Salatgurke
40 g Butter
½ Zitrone
1–2 Zweige glatte Petersilie oder Basilikum

1. Den Reis in den Kocheinsatz geben und unter fließendem Wasser waschen. Den Spargel großzügig schälen und die holzigen Enden abschneiden. In etwa 5 cm lange Stücke schneiden und auf dem flachen Dampfgaraufsatz verteilen.
2. Die Hähnchenbrustfilets in 2 cm breite Streifen schneiden und kräftig salzen und pfeffern. Dann in den tiefen Dampfgaraufsatz legen.
3. Salzwasser in den Mixbehälter füllen, Kocheinsatz einhängen und Dampfgaraufsätze aufsetzen. Das Ganze **25 Minuten/Dampfgar-Taste** dämpfen.
4. In der Zwischenzeit die Champignons mit Küchenkrepp abreiben und die Stiele eventuell abschneiden. Champignons in Scheiben schneiden. Das Stück Salatgurke waschen, halbieren und in ½ cm dicke Scheiben schneiden.
5. Butter in einer beschichteten Pfanne erhitzen und Champignon- und Gurkenscheiben unter Rühren leicht anbraten. Die Zitrone auspressen und die Champignons mit dem Saft ablöschen. Mit Salz und Pfeffer abschmecken.
6. Petersilie oder Basilikum waschen, trocken tupfen und die Blätter von den Stängeln zupfen.
7. Dampfgaraufsätze abnehmen und beiseite stellen. Den Reis mit einer Gabel auflockern und auf 4 Teller verteilen. Spargel und Hähnchenstreifen daraufgeben, das Champignon-Gurken-Gemisch mit der Sauce darüberlöffeln und mit Petersilie oder Basilikum bestreuen.

Resteverwertung: Eine gehaltvolle Suppe wird daraus, wenn Sie die Reste von Hähnchenbrust und Spargel in Streifen schneiden und mit dem restlichen Reis in Gemüse- und Hühnerbrühe erhitzen.

Auberginen-Hackfleisch-Eintopf

Für 4 Portionen • Pro Portion: 410 kcal, 24 g E, 31 g F, 10 g KH

1–2 Auberginen (ca. 800 g)
Salz
1 Zwiebel
2 Knoblauchzehen
3 EL Olivenöl
400 g Hackfleisch (Rind oder gemischt)
500 g Tomaten (oder 1 Dose gehackte Tomaten)
500 ml Gemüsebrühe
1 EL getr. Oregano oder Majoran
1 EL Paprikapulver, rosenscharf oder edelsüß
Pfeffer

1. Die Auberginen waschen, putzen und in etwa 2 cm große Würfel schneiden. Mit 1 TL Salz vermischen und 20 Minuten ziehen lassen, damit sie überschüssiges Wasser verlieren.
2. Die Zwiebel abziehen und vierteln. Die Knoblauchzehen schälen. Beides mit dem Olivenöl in den Mixbehälter geben, Messbecher einsetzen und Gemüse **5 Sekunden/Turbo-Taste** zerkleinern. Das Hackfleisch zerpflücken und dazugeben. **14 Minuten/Anbrat-Taste** krümelig braten. Gelegentlich mit dem Spatel umrühren, damit nichts anbrennt.
3. Die Tomaten waschen, halbieren, Stielansätze und Kerne entfernen und das Fruchtfleisch grob zerschneiden. Die Auberginen ausdrücken. Beides in den Mixbehälter zum Hackfleisch geben, die Brühe angießen und mit Oregano und Paprikapulver würzen.
4. Eintopf **20 Minuten/90 °C/Stufe 1/Linkslauf** köcheln. Mit Salz und Pfeffer abschmecken und auf 4 tiefe Teller verteilen.

Tipp: Reichen Sie getrennt dazu frisches Brot und 150 g saure Sahne.

Resteverwertung: Aufgewärmte Reste des Eintopfs eignen sich hervorragend als Sauce zu Teigwaren, Fleisch oder Kartoffeln. Je nach benötigter Menge mit Tomatenwürfel und – nach Belieben – in Scheiben geschnittenen Oliven strecken.

Sommerterrine mit Hähnchenfleisch

S

Für ca. 12 Portionen • Pro Portion: 216 kcal, 11 g E, 16 g F, 7 g KH

500 g Hühnerbrustfilet
500 g Sahne
2 Scheiben Toastbrot
je 1 gelbe und rote Paprikaschote
50 g schwarze Oliven (ohne Stein)
½ Bio-Zitrone
2 Eiweiß, Größe M
Salz, Pfeffer
Dill, Basilikum oder Petersilie zum Bestreuen, nach Belieben

1. Das Fleisch in etwa 1 ½ cm große Würfel schneiden, flach in einem Gefrierbeutel ausbreiten und für 1 Stunde in das Gefrierfach legen. Das Fleisch soll nur leicht angefroren sein, dann lässt es sich besser zerkleinern. ⅔ der Sahne ebenfalls in das Gefrierfach geben.
2. Das Toastbrot grob zerschneiden (eventuell die Rinde entfernen, damit die Terrine schön weiß bleibt) und in der restlichen Sahne einweichen.
3. Die Paprikaschoten waschen, putzen und grob zerschneiden. Zusammen mit den Oliven in den Mixbehälter geben und mit eingesetztem Messbecher **5 Sekunden/Stufe 5** zerkleinern. In eine Schüssel umfüllen.
4. Die Zitrone heiß waschen, 1–2 TL Schale fein abraspeln und die Frucht auspressen.
5. Den Backofen auf 180 °C Ober-/Unterhitze (Umluft 160 °C) vorheizen. Das eisgekühlte Fleisch mit dem Eiweiß in den Mixbehälter geben und mit eingesetztem Messbecher **8 Sekunden/Stufe 6** zerkleinern. Das Toastbrot mit Sahne und die Sahne aus dem Gefrierfach dazugeben und weitere **5 Sekunden/Stufe 6** zerkleinern.

6. Paprika und Oliven **5 Sekunden/Stufe 3** unterrühren. Masse mit Salz, Pfeffer, Zitronenschale und -saft abschmecken und in eine Kasten- oder Terrinenform (ca. 24 cm Länge) füllen.
7. Einen Bräter ca. 5 cm hoch mit heißem Wasser füllen, die Terrinenform hineinstellen und das Ganze im vorgeheizten Backofen 1 Stunde garen.
8. Terrine abkühlen lassen, aus der Form stürzen und in Scheiben schneiden. Nach Belieben vor dem Servieren mit gehackten Kräutern bestreuen.

Fischsuppe mit Sommergemüse

Für 4 Portionen • Pro Portion: 438 kcal, 21 g E, 26 g F, 30 g KH

600 g Seelachs- oder Pangasiusfilet
Salz, Pfeffer
etwas Zitronensaft
1 Zwiebel
1–2 Knoblauchzehen
4 Stängel glatte Petersilie
2 EL Olivenöl
300 g Zucchini
800 ml Gemüsebrühe
½ TL Kurkuma oder ½ Döschen Safran, nach Belieben
250 g kleine Tomaten

1. Den Seelachs in mundgerechte Stücke schneiden, salzen, pfeffern, mit etwas Zitronensaft beträufeln und in den tiefen Dampfgaraufsatz legen. (Eventuell den Aufsatz zuvor mit Pergamentpapier auslegen.)
2. Die Zwiebel abziehen und vierteln. Knoblauchzehen schälen. Die Petersilie waschen, mit Küchenkrepp trocken tupfen und die Blätter von den Stängeln zupfen. Einige Blätter zum Bestreuen beiseite legen.
3. Petersilie, Zwiebel und Knoblauch in den Mixbehälter geben, Messbecher einsetzen und alles **5 Sekunden/Turbo-Taste** zerkleinern. Mit dem Spatel nach unten schieben, das Olivenöl dazugeben und Mischung offen **4 Minuten/Anbrat-Taste** andünsten.
4. In der Zwischenzeit die Zucchini waschen, putzen und in etwa 1 cm große Würfel schneiden und auf den flachen Dampfgaraufsatz geben. Gemüsebrühe eingießen, Kurkuma zufügen, Dampfgaraufsätze aufsetzen und Zucchini und Seelachs **16 Minuten/Dampfgar-Taste** garen.
5. Die Tomaten waschen, mit einem spitzen Messer einstechen (größere Exemplare halbieren).

6. Dampfgaraufsätze abnehmen, Zucchini in den Mixbehälter umfüllen. Tomaten dazugeben und das Ganze noch **3 Minuten/100 °C/Stufe 1/ Linkslauf** kochen.
7. Mit Salz und Pfeffer abschmecken, auf 4 Teller verteilen, den Seelachs obenauf legen und mit der restlichen Petersilie bestreut servieren.

Info: Seelachs, Lachs und Pangasius (wird gezüchtet) sind die eher preiswerten Fischsorten – es gibt sie auch beim Discounter tiefgefroren. Die Fischpreise schwanken je nach Jahreszeit, aber auch Fangergebnis stark, am besten Sie lassen sich am Fischstand am Markt oder im Supermarkt beraten.

Tipp: Im Sommer gibt es Gemüse in Hülle und Fülle, mit dem die Fischsuppe zubereitet werden kann. Sehr lecker zum Beispiel ist Fenchel, der mit 1 TL Fenchelsaat in die Suppe kommt. Wenn keine Kinder mitessen: 250 ml der Brühe durch trockenen Weißwein ersetzen.

Resteverwertung: Der Fisch ist weg und es ist noch Suppe da? Die Suppe etwas einkochen lassen, grob pürieren und mit Zitronensaft und Pfeffer pikant abschmecken. Passt gut als Sauce zu gegrilltem oder gebratenem Fisch.

Kürbisgratin mit Hackfleisch

Für 4 Portionen • Pro Portion: 572 kcal, 26 g E, 36 g F, 38 g KH

80 g junger Gouda
150 g saure Sahne
500 g Kürbis (Hokkaido-, aber auch Muskatkürbis, geputzt gewogen)
1,2 l Wasser
Salz
160 g Teigwaren (z. B. Spiralen oder Farfalle)
2 Zwiebeln
2 EL Rapsöl
250 g Rinderhackfleisch (oder gemischtes Hackfleisch)
½ EL Rosmarinnadeln
Pfeffer
1–2 EL Balsamessig
2 EL Olivenöl
etwas Fett für die Form

1. Den Gouda in Stücke schneiden, in den Mixbehälter geben, Messbecher einsetzen und Käse **7 Sekunden/Stufe 8** reiben. In eine kleine Schüssel umfüllen, mit der sauren Sahne vermischen und beiseite stellen.
2. Den Muskatkürbis schälen. Beim Hokkaidokürbis nur die Schale säubern. Die Kerne entfernen, das Fruchtfleisch in mundgerechte Würfel schneiden und in den tiefen Dampfgaraufsatz legen.
3. 1,2 l Salzwasser in den Mixbehälter geben, den Dampfgaraufsatz aufsetzen und Kürbis **12 Minuten/Dampfgar-Taste** dämpfen.
4. Dampfgaraufsatz abnehmen und beiseite stellen, die Teigwaren durch die Deckelöffnung in den Mixbehälter geben, Dampfgaraufsatz wieder aufsetzen und Nudeln je nach Packungsanleitung **8–10 Minuten/100 °C/Stufe 1/Linkslauf** »al dente« kochen. Den Dampfgaraufsatz mit dem Kürbis beiseite stellen. Die Teigwaren durch ein Sieb abgießen und abtropfen lassen. Den Mixbehälter ausleeren und abtrocknen.
5. Den Backofen auf 200 °C Ober-/Unterhitze (Umluft 180 °C) vorheizen.
6. Die Zwiebeln abziehen, vierteln und in den Mixbehälter geben und mit eingesetztem Messbecher **5 Sekunden/Turbo-Taste** zerkleinern. Das Öl dazugießen und Zwiebeln offen **3 Minuten/Anbrat-Taste** andünsten. Das Rinderhackfleisch zerpflücken und mit den Rosmarinnadeln dazugeben. Weitere **6 Minuten/Anbrat-Taste** dünsten.
7. Eine Auflaufform dünn einfetten, Nudeln, Kürbis und Hackfleisch darin vermischen. Kräftig mit Salz und Pfeffer würzen und mit Essig und Olivenöl beträufeln. Masse glatt streichen und die Käsemischung darauf verteilen.
8. Gratin 25–30 Minuten im Ofen überbacken, bis die Oberfläche goldgelb und knusprig ist. Gleich in der Form servieren.

Tipp: Nach Belieben können Sie mit den Zwiebeln auch noch Petersilie zerkleinern und andünsten.

Fischbällchen auf Kürbisgemüse

Für 4 Portionen • Pro Portion: 275 kcal, 20 g E, 14 g F, 17 g KH

300 g Seelachs- oder Pangasiusfilet
1 weiße Zwiebel
2 Knoblauchzehen
1 Stück Ingwer (etwa walnussgroß)
2 Stängel glatte Petersilie
30 g weiche Butter
2 Eier, Größe M
3 EL Mehl
Salz, weißer Pfeffer
300 ml Gemüsebrühe
700 g Hokkaidokürbis
1 TL Kümmel
1 TL Kurkuma
75 ml saure Sahne
schwarzer Pfeffer

1. Den Seelachs in etwa 2 cm große Stücke schneiden und 1 Stunde im Gefrierfach anfrieren lassen – er lässt sich dann besser zerkleinern. Zwiebel abziehen und vierteln. Knoblauch und Ingwer schälen. Petersilie waschen, trocken schütteln, die Blätter von den Stängeln zupfen.
2. Butter in den Mixbehälter geben und **1 Minute/100 °C/Stufe 1** schmelzen. Zwiebel, Knoblauch, Ingwer und Petersilie dazugeben, Messbecher einsetzen und Gemüse **5 Sekunden/Turbo-Taste** zerkleinern. Mit dem Spatel nach unten schieben und Gemüse offen **3 Minuten/100 °C/ Stufe 1** andünsten.
3. Den Seelachs dazugeben und **10 Sekunden/Stufe 6** zerkleinern. Eier, Mehl, Salz und weißen Pfeffer zufügen und **8 Sekunden/Stufe 4** verrühren. In eine Schüssel umfüllen.

4. Den flachen Dampfgaraufsatz mit Pergamentpapier auslegen, dabei die seitlichen Schlitze für die Dampfzirkulation frei lassen. Aus der Fischmasse mit feuchten Händen 20 kleine Bällchen von etwa 2 cm Durchmesser formen und auf den Einsatz legen.
5. Den Mixbehälter spülen und abtrocknen. Die Gemüsebrühe in den Mixbehälter füllen, den Dampfgaraufsatz aufsetzen und die Fischbällchen **10 Minuten/Dampfgar-Taste** dämpfen. In der Zwischenzeit die Hokkaidoschale reinigen. Die Kerne entfernen. Den Dampfgaraufsatz abnehmen.
6. Kürbis mit der Schale in Würfel schneiden und zur Gemüsebrühe in den Mixbehälter geben. Mit Kümmel, 1 TL Salz und Kurkuma würzen. Dampfgaraufsatz wieder aufsetzen und das Ganze **10 Minuten/95 °C/Stufe 1/Linkslauf** bei milder Hitze fertig kochen.
7. Die saure Sahne **1 Minute/70 °C/Stufe 2/Linkslauf** mit dem Kürbisgemüse vermischen und erwärmen. Mit Salz und Pfeffer abschmecken. Kürbisgemüse auf 4 Teller verteilen und die Fischbällchen obenauf setzen.

Tipp: Wer Ingwer nicht so gerne mag, kann stattdessen 1 EL eingelegte Kapern klein hacken – das passt sowohl zum Fisch als auch zum Kürbis.
Fischbällchen und Kürbisgemüse am besten getrennt einfrieren – sie können dann nach Belieben auch getrennt weiterverwendet werden.

Curryspinat mit Hähnchenbrust

Für 4 Portionen • Pro Portion: 309 kcal, 17 g E, 24 g F, 5 g KH

200 g Hähnchenbrustfilet
500 g Blattspinat
1 l Wasser
1 Zwiebel
2 Knoblauchzehen
1 Stück Ingwer (walnussgroß)
1 EL Rapsöl
400 ml Gemüsebrühe
1–2 EL Currypaste oder -pulver
2 TL Kurkuma
400 ml Kokosmilch
Salz
etwas Zitronensaft
½ TL Chiliflocken, nach Belieben

1. Das Hähnchenbrustfilet von Sehnen befreien und in etwa 1 ½ cm breite Scheiben schneiden. In den Kocheinsatz legen.
2. Den Spinat gründlich waschen, verlesen und putzen. Grob hacken und in den tiefen Dampfgaraufsatz legen.
3. Wasser in den Mixbehälter geben, Kocheinsatz einhängen und Dampfgaraufsatz aufsetzen. Hähnchen und Spinat **25 Minuten/Dampfgar-Taste** garen. Anschließend beiseite stellen. Mixbehälter ausleeren und abtrocknen.
4. Zwiebel abziehen und vierteln. Knoblauchzehen und Ingwer schälen. Ingwer grob zerschneiden. Zwiebel, Knoblauch und Ingwer mit dem Öl in den Mixbehälter geben und mit eingesetztem Messbecher **5 Sekunden/Turbo-Taste** zerkleinern. Mit dem Spatel nach unten schieben und ohne Messbecher **4 Minuten/Anbrat-Taste** andünsten.
5. Gemüsebrühe, Curry und Kurkuma dazugeben und alles **15 Minuten/100 °C/Stufe 1** kochen lassen. Kokosmilch, Hähnchenfleisch und Spinat in die Brühe geben und **5 Minuten/80 °C/Stufe 2/Linkslauf** erwärmen.
6. Eintopf mit Salz und Zitronensaft abschmecken, auf 4 Tellern anrichten und – nach Belieben – mit Chiliflocken bestreut servieren.

Register

Frühling

Sommer

Herbst

Winter

Bildnachweis

Shutterstock: S. 7: MediaGroup_BestForYou; S. 8: Mauro Rodrigues, little birdie; S. 12: David Kubecka; S. 14: Photology1971; S. 21: AS Food studio, Ezume Images, Magdalena Kucova, Oxana Denezhkina, Giancarlo Polacchini, Mikhail Valeev, StockphotoVideo; S. 22: Peter Zijlstra; S. 23: YuliiaHolovchenko; S. 25: Krzysztof Slusarczyk; S. 26: Brent Hofacker; S. 29: Quinn Martin; S. 30: Mahara; S. 35: hlphoto; S. 38: Natasha Breen; S. 40: travellight; S. 42: Peredniankina; S. 43: Magdalena Kucova; S. 45: zoryanchik; S. 49: from my point of view; S. 50: Timolina; S. 52: Alina Yudina; S. 53: Marta Winiarska; S. 59: Robert Faritsch; S. 60: yingko; S. 63: Elena Veselova; S. 66: Veronika Idiyat; S. 69: Magrig; S. 73: Robyn Mackenzie; S. 74: FMB; S. 77: Simone Andress; S. 80: Ezume Images; S. 83: MariaKovaleva; S. 85: Dar1930; S. 86: Bildagentur Zoonar GmbH; S. 90: Bartosz Luczak; S. 95: AS Food studio; S: 97: bonchan; S. 98: Katelyn Racanelli; S. 99: VICUSCHKA; S. 100: zoryanchik; S. 102: Karl Allgaeuer; S: 105: artem evdokimov; S. 106: Everilda; S. 107: Heike Rau; S. 108: Ildi Papp; S. 110: alisafarov; S. 112: StockphotoVideo; S. 115: Katrinshine; S: 117: minadezhda; S. 118: svariophoto; S. 120: olepeshkina; S. 121: Maria Shumova; S. 125: marco mayer; S. 126: Oxana Denezhkina; S. 127: Bogatova Anastasia; S. 128: Yulia Davidovich; S. 130: Anna Mente; S. 132: Sergio Delle Vedove; S. 136: Mikhail Valeev; S. 138: AS Food studio; S. 141: vm2002; S. 143: dba duplessis; S. 147: Kiian Oksana; S. 151: Stepanek Photography; S. 153: Giancarlo Polacchini; S. 155: Petroos; S. 158: Jarek Pawlak; S. 161: Sebastian Studio; S. 162: Natalia Lisovskaya; S. 163: Andrew Riverside; S. 165: Tatiana Bralnina; S. 167: minadezhda; S. 171: Silvia Bogdanski; S. 173: Irina Rostokina; S. 176: Karl Allgaeuer; S. 178: Berlin Photo; S. 181: Timolina; S. 183: Malochka Mikalai; S. 184: teleginatania; S. 187: minadezhda; S. 188: PosiNote;

iStock: S. 20: YinYang; S. 21: A_Lein; S. 33: meteo021; S. 46: Antonino D'Anna; S. 54: eaglesky; S. 57: ansonmiao; S. 64: Lilechka75; S. 67: aizram18; S. 70: Wiktory; S. 75: hungryworks; S. 78: Nordling; S. 89: graphia76; S. 93: A_Lein; S. 123: schafar; S. 133: ManuWe; S. 135: dinoforlena; S. 137: -lvinst-; S. 144: Sarsmis; S. 148: OksanaKiian; S. 156: AlexPro9500; S. 175: martinturzak;

Adobe Stock: S. 19: womue; S. 36: Patryssia, S. 105: Simone; S. 168: azurita